復縁・復活愛の
成功法則

彼と
もう一度、
恋人になる
方法

復縁アドバイザー
浅海
asami

二見書房

はじめに

はじめまして。復縁アドバイザーの浅海と申します。

私は、「元彼（元カノ）と復縁したい」という方から、おもにメールでご相談を受け、心構えや具体的な行動などをアドバイスさせていただいています。

お受けしたご相談の数は3年間で1万件を超えるに至り、「復縁できました！」という嬉しいご報告も数え切れないほどいただいてきました。

＊

復縁された方に「復縁してよかったと思うこと」をうかがうと、このようなご意見が返ってきます。

「別れる前よりも愛や絆が深まった」

「相手の気持ちを思いやれるようになった」

「お互いによい緊張感を持って付き合えるようになった」

「前よりも大切にしてくれるようになった」

「結婚を意識するようになった」

前よりもよい関係を築けたという方が圧倒的に多いのです。

同時に、復縁に向けての行動を通して、「自分を見つめることができた」「思いやりの心を学んだ」「人間として成長できた」と感じる方も多くいらっしゃいます。

「復縁・復活愛」というと、ネガティブな印象をお持ちになる方が多いようですが、そんなことはないことがよく分かります。むしろ、一人の男性と腰をすえてお付き合いすることの大切さを学べる、ステキなチャンスでもあるのです。

そして、私がなぜ復縁を応援したいかという理由もまさにここにあります。

＊

本書は、これまでの成功事例の中から、重要で参考になる部分を集めてまとめたものです。偉い先生の心理学でも、特別な能力が必要な方法でもありません。あなたと同じ、ごく普通の女性たちが彼を取り戻した、その方法をもとに書いています。

元彼との復縁を望む方に向けて書いていますが、「マンネリなお付き合いを何とかしたい」という方や、「終わりそうなお付き合いをもう一度燃え上がらせたい」という方にも十分参考になる内容だと思います。

＊

復縁に必要なのは、「気持ち・心の持ち方」と「具体的な行動」です。

中でも特に大切なのは、1・2・7章にまとめた「気持ち・心の持ち方」です。ここでは、あなたに本気で復縁をしてほしいと思ったときに、どうしても伝えておかなくてはならないことを書きました。この3つの章だけでも復縁できると思える内容です。どうか、この部分に重点を置いてご覧ください。

ここを十分にご理解いただいたうえで、「具体的な行動」にあたる3～6章をご覧いただくと、復縁はスムーズに進むと思います。

＊

もし今、あなたに大好きで忘れられない彼がいるのであれば、あなたには「復縁する」という選択肢もあることを知ってください。

彼でなければダメなのです。自分の気持ちに嘘をつくのも、気づかないふりをするのも、今日で終わりにしましょう。

＊

彼に、笑顔で「大好きだよ！」と言える日がきっと訪れることでしょう。

ぜひ多くの方に、復縁して幸せになっていただきたいと思います。

あなたの復縁を心から応援しています！

第1章 もし彼のことを忘れられないのなら

contents

第2章 復縁のために一番大切なこと

第3章 復縁に向けて行動を始める

contents

第4章 復縁を進めるメール術

第5章 復縁実現まであと一歩

contents

第6章 ケースごとの復縁方法教えます

第7章 自分を変えることは怖くない

第1章

もし彼のことを忘れられないのなら

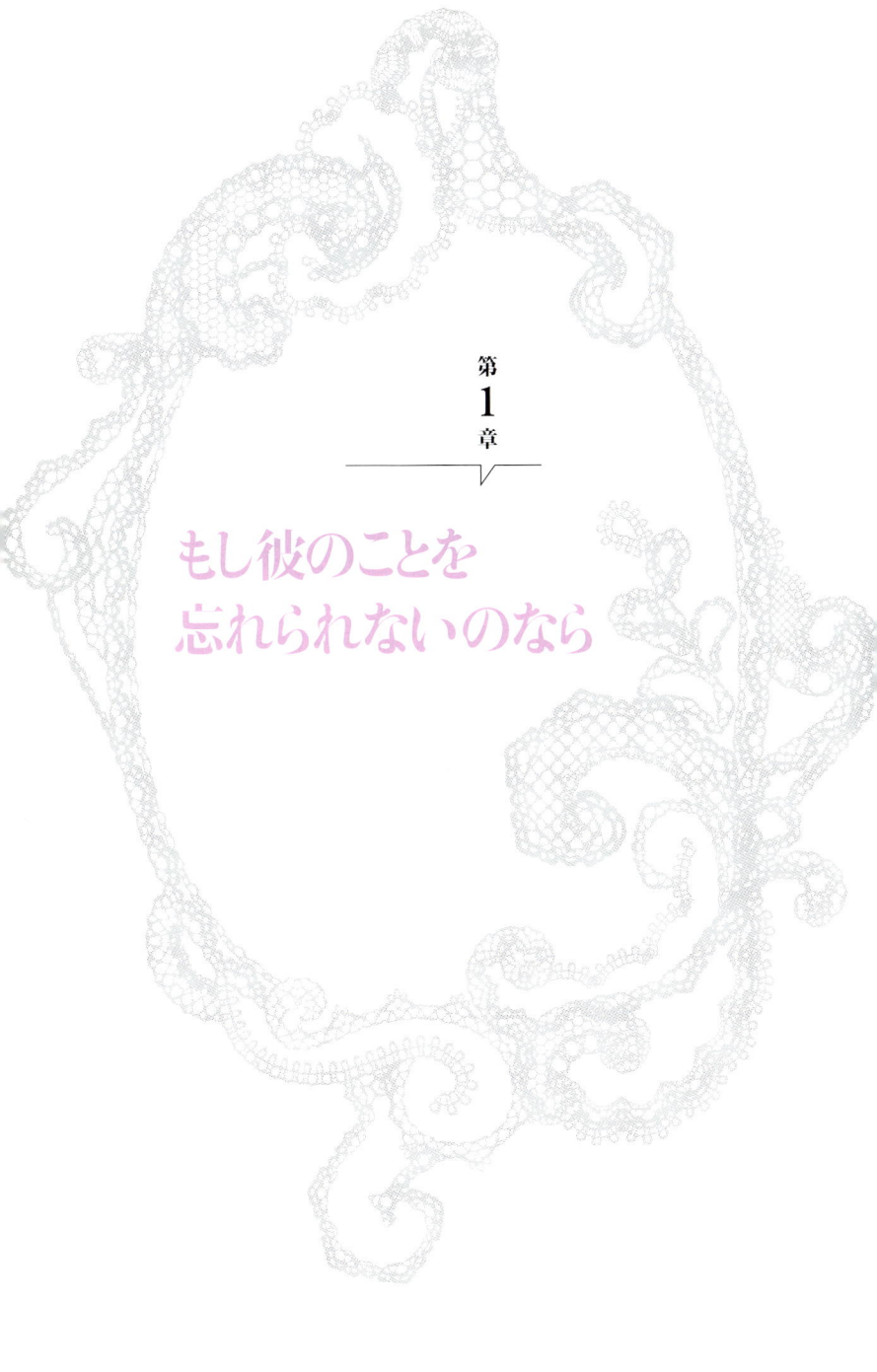

あなたにも復縁の可能性はあります

「私にも復縁の可能性はありますか？」

あなたが今、一番知りたいことはこれではないでしょうか。

＊

結論から申し上げますと、可能性はあります。

私はこれまで1万件以上の復縁相談をお受けし、「復縁できました！」という嬉しいご報告を数多くいただいてきました。その中には、

・着信拒否からの復縁
・「二度と顔も見たくない」と完全に嫌われた状態からの復縁
・彼がほかの女性との結婚を決めてしまった状態からの復縁
・バツイチの相手との復縁

・都合のいい関係からの復縁
・すっかり友達になってしまった状態からの復縁
……などなど、一見難しいと思われるケースも多々ありました。

人それぞれ事情は様々ですが、どんな状態からの復縁でも「可能性がない」などということはありません。

ただ、基本的にご自身で復縁に向けて行動していただいているので、彼の連絡先を知らない、住所も職場も分からない、彼のことを知る友達もいないという、彼と全く接することができない状況では難しいと思います。また、彼が既婚者の場合も、倫理上の問題から応援はしかねます。

これらのケース以外であれば、誰でも可能性はあると思います。

＊

そうは言っても、悩みは尽きないでしょう。「でも、やっぱり私の場合は難しいだろうな」と考えてしまう方もいるでしょう。そのお気持ちもよく分かります。

しかし、そこから前に進めない方は、おそらく永遠に復縁できないでしょう。なぜなら、「できない前提」だからです。

小学校の体育で跳び箱をしたと思うのですが、跳び箱の成功失敗には、運動能力よりも、「できる」と思えるかどうかが大きく影響を与えると思います。「跳べる！」と思っている子は、それだけの助走と踏み切りをするので思い切って跳ぶことができ、実際に跳べてしまうのですね。

逆に「跳べないかも……」と思っている子は、助走の途中で怖くなって失速してしまいます。スピードが足りないうえに、思い切って踏み切りもできません。結果、跳べません。跳べないかもと意識するだけで、体にいろいろな影響が表れるのです。

＊

同様に、復縁も「できないかも……」という前提では、思い切った行動は取れません。つい後ろ向きになり、また彼への対応も嫌味なものになってしまいがちです。

「復縁できる！」と思っている方は、ここぞというときに思い切った行動を取ることができ、彼に対しても堂々と接することができます。その結果、復縁ができるのです。

全く同じ状況でも、とらえ方一つで大きく変わってくるのです。

ですから、あなたがもし「復縁の可能性はあるのかな……」と気になっているのであれば、お伝えします。

あなたにも可能性はあります。

あとは、あなたがそれをどれだけ信じることができ、間違った行動を取らないか、ということだけではないでしょうか。可能性があるのかないのか、というところで立ち止まっているくらいなら、まず動いてみることをおすすめします。

また、「復縁の可能性は何パーセントでしょう?」という質問もたびたび受けるのですが、それも、あなたの行動次第です。

なぜなら、今の状態で仮に可能性が50パーセントだったとしても、これから先90パーセントになることもあれば、10パーセントになってしまうこともあるでしょう。冒頭でも述べたように、可能性が限りなくゼロに近かったような方が、見事に復縁できたケースも少なくないのです。

そんなことを考えるよりも、具体的に復縁のためにどう動くのか、どうやってより復縁の可能性を高めるのか、ということを考えたほうが早いと思います。

「可能性があるのかないのか」「あるとしたら何パーセントか」――どうか、そこを気にして臆病にならないでください。

可能性はあります。

そして、それを100パーセントにするのかゼロにするのかは、あなた次第です。

復縁は悪いことではない

こんな声をよく耳にします。

「彼が幸せなら、潔く身を引くべきでしょうか?」

「彼との復縁を願うことが、本当に彼のためなのでしょうか?」

彼の気持ちを考えれば考えるほど、復縁を望むのは悪いことなのではないか、と思い悩んでしまうのです。

確かに、相手が望んでいないことをしようとするのは、迷惑なことのように思われますよね。自分の気持ちを一方的に押しつけているように感じてしまうのも分かります。

＊

ただそれは、あくまでも「彼が復縁を望んでいない」という前提での話。

復縁したいのであれば、大切なことは「彼にも復縁を望ませる」ために何をするか、なのです。

今、彼はあなたを拒絶している状態かもしれません。

拒絶の理由は、あなたとのお付き合いの中で嫌な思いをしたとか、ほかに気になる女性がいるなどいろいろあると思いますが、単に「今、この瞬間は復縁を望んでいない」に過ぎないのです。

だからといって、これからも同じかというと、そうとは限りません。あなたをまた好きになる可能性は十分にあるのです。

距離を置かれている状況から、徐々に彼の気持ちを自分に向かせていく、それが「復縁のための行動」です。

今後、彼の気持ちがあなたへ向いてくれれば、当然、彼はあなたとの復縁を考えるでしょう。その状況でも、まだあなたは「悪いことをしている」と思うでしょうか？　おそらく何も考えず、彼の胸に飛び込むことでしょう。

そして、楽しいお付き合いが再開できたとき、彼はあなたに言うでしょう。

「あのとき、お前とやり直してよかった」と。

こんな言葉をくれるかもしれない彼を諦めてしまうとしたら、そのほうがよほど悲しいことですよね。

分かり合えさえすれば、ベストパートナーになり得る二人なのです。それなのに、ちょっとしたすれ違いがもとで、そのまま離れ離れになってしまう。やり直せる可能性があるのに……。

私は、そういう後悔をあなたにはしてほしくないのです。

もう一度やり直せる可能性があるのに、しかもやり直したいとあなたは思っているのに、怖くて動けずにいる。今動かなければ、きっとこの先後悔してしまうことでしょう。

＊

本当に彼のためを思うのであれば、あなたを愛して、愛したはずなのに別れてしまった自分に嫌気がさし、傷ついている彼を救ってあげるべきではないでしょうか。

せっかくお互いに好きになってお付き合いをスタートさせたのに、徐々にあなたへの愛情が薄れていった彼も、あなたとの別れを経験したことで傷ついています。

「オレは冷たいヤツなんだろうか？」

「あんなに好きだったのに、愛してもらったのにな……」

「大切にするって言ったのに、裏切ってしまった。悪いな……」

ここは忘れないでくださいね。彼も心が痛いのです。

しかし、あなたが復縁のために動くことで、彼は再びあなたを好きになるでしょう。もう一度あなたとやり直すことで、彼の傷も癒え、前より幸せなお付き合いだってできるのです。

＊

復縁を望むことが悪いのではありません。

彼に迷惑をかけるとすれば、それは復縁のための方法が悪いからです。そこを勘違いしないでください。

無理やりどうにかしようとするのではなく、彼の気持ちを徐々に変えていくのです。あなたをもう一度好きになってもらうのです。

一度は愛し合った二人です。あなたに対するマイナスの感情が薄れていけば、あなたは彼の理想の女性なのです。

復縁を願う気持ちは悪くありません。復縁のために行動することは、非難されるものではありません。自信を持って、復縁に前向きになってください。

そして、本当に彼のことを考えるのであれば、今度こそあなたが、彼を幸せにしてあげてくださいね。

別れを経験して自信を失っているあなたへ

恋人との別れを経験し、自分の至らなかった点に気づかされることは多いと思います。あなたはいかがでしょうか？　自分にダメ人間のレッテルを貼って、自信を失っていませんか？　「あのときこうしていれば……」「どうしてあんなことを言ってしまったんだろう……」と後悔ばかりしていませんか？

しかし、自信のないあなたには彼も魅力を感じないでしょう。魅力のない人とお付き合いを望む男性は少ないと思います。

自信はとても大切です。漢字を見ればお分かりのように、自信とは「自分を信じる」こと。「私にはできる」と自分を信じることだと私は考えます。

どうか、自信を持ってください。自信を持つためには、「これだけはやった」「あのときの私とは違う」など自信の根拠になるものが必要です。根拠もないのに自信は生まれませんよね。ですから、自信の根拠をたくさん作ってください。

そして、その根拠をもとに自信を取り戻し、キラキラと光り輝いてほしいのです。

＊

ここで、あなたに自信を取り戻してもらうために、思い出していただきたいことがあります。それは、彼とのお付き合いを始めた頃のこと。

彼はどんな愛情をあなたにくれましたか？

あなたはどんなふうに彼を愛しましたか？

お互いにかけがえのない存在だったのではないでしょうか。あなたが魅力的な女性だったから、そんな素敵なお付き合いができていたのです。

あなたは恋愛下手でも、付き合い下手でもありません。どうか自信を持ってください。

＊

彼とのお付き合いを振り返って、もし、「つらくて悲しくて仕方ない日々だった」というのであれば、残念ですがこの本を閉じてください。でももし、「楽しくてかけがえのない日々だった」というのならば、迷わずその恋を取り戻しましょう。

あなたは今、復縁のチャンスと方法を手に入れました。

さあ、自信を持って、彼とやり直すために、今日から一緒に頑張りましょう！

結果は思ったとおりになる

私は、アドバイスでよく「結果は思ったとおりになる」という言葉を使います。

これまで復縁をされた方の多くは、明るい未来を想像しています。ですから、あなたにも、「結果は思ったとおりになる」ことをぜひ知っていただきたいのです。

つまり、今のあなたに「復縁できる」と思い込んでもらいたいのです。

自己暗示は、復縁に向けての大切な作業の一つです。いい方向へ考えることで、気持ちに余裕が生まれます。いい結果が出ると思い込むことが、行動や思考へいい影響を与えることは、過去の成功者の例から実証済みです。

＊

例えば、あなたが彼と話をしているとき、彼に元気がなかったら、口数が少なかったなら、あなたはどんな気持ちになりますか？

「私と話したくないのかな」「嫌われているのかな」「もう迷惑なのかな」と思った方は、要注意です。

今のあなたはマイナス思考の塊と言えるでしょう。そんなふうに考えていたのでは、彼を余計に疲れさせ、「もう連絡を取らないほうがいいのかな」と思わせてしまいます。

なぜなら、あなたが自信のないまま弱気で彼に連絡をしても、おそらく自虐的な言葉が口をついて出るからです。彼の暗い雰囲気に、「ごめん。私と話したくないよね」「迷惑だったら言ってね」といった言葉が、無意識にあなたから出てしまうのです。

彼は「そんなことはないけど……」と言いながらも、心の中では「面倒くさいな」と思うことでしょう。

＊

反対に、あなたが前向きで余裕を持っていれば、元気がない彼の様子を「どうしたのかな？」と思うはずです。自然と「疲れてる？」という気遣いの言葉が生まれるでしょう。

聞かれた彼は、「最近、仕事が忙しくて」と気さくに自分の状況を話すでしょう。あなたは穏やかに、「そっか、大変だね」と理解を示すだけです。

それだけでも、彼からすれば一息つける会話になるでしょう。彼は「やっぱり、よく分かってくれているな」とホッとします。

このように、彼の雰囲気、口調は全く同じでも、それを感じるあなたの気持ち次第で、あなたが取る言動はガラッと変わってしまうのです。

当然、それに続く彼の言動も変わってきます。あなたが自信を失って卑屈な態度を取り続ける限りは、徐々に復縁から遠ざかっていきますが、自信を持って前向きに対応するだけで、パズルがかみ合っていくように復縁へと近づいていくのです。

＊

メールも然り。あなたがメールを送り、彼から返信が来ました。でも、一言だけで絵文字もありません。

そんなときに「冷たいメールだ」「やっぱりもう無理なのかな」と思うよりも、「返信をくれた！」「この前よりも短い時間で返ってきた！」と思ったほうが、次に連絡を取る際、明るい雰囲気で気楽に対応できます。

その余裕が、自然な連絡の取り方に結びついたり、彼との会話に楽しく集中できる、というい い言動につながっていきます。

＊

さらに、この「思い込み」は、彼にも効果的に使えます。実は、あなたの都合のいいように彼に暗示をかけることもできるのです。

例えば、別れたあとに、「あなたってサイテー」「あなたって何て冷たい人なの！」と言えば、彼も「オレは最低だ」「オレは冷たいヤツだ」と開き直ってしまうでしょう。

そうではなく、いつも「あなたは優しいのね」「あなたは別れても私のことを大切にしてくれるのね」といい評価を与えることで、彼は「より期待に応えよう」と、無意識のうちにあなたに言われたような自分を演じるようになっていきます。

「優しいんだね」と言い続けることで、彼の中に「優しい自分」が描かれていきます。すると、あなたが何かお願いをしたときにも、「オレは優しいから断れないな」と思うので、YESをもらえる可能性が高くなるのです。

ですから今、彼と会話をするときに「あなたって冷たいのね」とか「あなたは一人でも楽しそうね」などとイジケ気味に言ってしまう方は、自分で彼の態度を余計に悪くしている、と気づいてください。

＊

彼に伝える言葉をほんの少し変えるだけでも、結果は違ってくるのです。

「結果は思ったとおりになる」

どうせなら、可能性を信じて頑張ってみませんか？

考え方一つで不安は大きな希望に変わる

復縁に向けて行動を始めると、段階ごとに、様々な不安があなたを襲うでしょう。

「本当に復縁なんてできるのかな」から始まり、

「どうすればベストな選択ができるのかな」

「彼からメールが来ない。嫌われているのかな」

「何だか冷たいな。やっぱり無理なのかな」

「本当に忙しいだけなのかな。別の理由があるんじゃないかな」

「新しい彼女がいるのかな」

などなど、その都度、果てしなく不安はついてくると思います。

一つクリアすれば、また次の不安、といった状態ですね。ちょっと嫌になりますね。

では、それはどうしようもないことなのでしょうか？

答えはＮＯ。

その不安を希望に変えることもできるのです。

例えば何かを決めなければならないとき、あなたは何の迷いもなくエイッと決められますか？　不安は一切ないでしょうか？

何を決めるときでも、必ず迷いや不安は付き物でしょう。復縁のときだけ不安だらけ、ということはないと思います。

誰しも大なり小なり、不安を抱えています。あなただけが不安なわけではありませんし、あなたが他人よりも不安に弱いということもないと思います。

＊

ご相談をうかがっていると、「不安でどうにかなりそうです」とおっしゃる方がとても多くいらっしゃいます。真剣に彼のことが好きだからこそ、不安に駆られるのです。そのお気持ちはよく分かります。

しかし、不安を抱えているだけなら、復縁なんてしないほうがよいでしょう。あなたが苦しむだけであれば、意味がないと思います。

ですから、ここから発想を変えていきましょう。

今あるあなたの不安は、本当に心配するほどのことでしょうか？

渦中のあなたは不安だらけで見えないかもしれませんが、冷静に見てみると、あなたが不安に思っていることの中に、実は大きな希望が隠れていることも多いのです。

先日のご相談にこのようなものがありました。

＊

「彼を誘ったらNOと言われました。『忙しいからまた今度』と。この前も『無理』の一言でした。今度こそと思ったのに、やっぱり無理なんでしょうか」

＊

さて、あなたなら、この方のご相談にどう答えますか？

この方の悩みは、2回彼を誘って2回ともNOだったこと。前回は、ただ「無理」と返事が来ただけでした。今回は「また今度」と。

よく考えると、ただのNOよりは次が期待できますね。前回よりも、彼は誘いに対して前向きになっています。これだけでも、大きな進歩です。

もっと大きな希望もあります。

もし、彼女の誘いに対して、彼が面倒だと感じたり、嫌な気持ちであれば、おそらく1回目に誘ったあとの連絡は途絶えがちになっていくと思うのです。返事が来なくなったり、極端に遅くなったり、態度が変わったり。

しかし、彼女は、彼とこれまで同様のやり取りができていました。このことは、「誘われることが嫌ではない」ことを意味しています。嫌なら連絡を避けますよね。「また誘われると面倒だ」と言わんばかりに。

そうではなく、普通に応じてくれているのです。しかも、「無理」から「また今度」になっているのです。

こう考えていくと、決して悲観することではないと分かっていただけると思います。

＊

不安を感じる前に、あなたの目の前にあるチャンスを見つけてください。きっとたくさんあるはずです。

大切なのは、そのことにあなた自身が気づくこと。

考え方一つ、視点一つで、不安は希望に変わります。

＊

誰にでもチャンスはあります！　頑張りましょうね!!

彼を大好きな気持ちが復縁の原点

ここまでは、あなたに復縁への勇気と希望を持ってほしいという気持ちで書いてきました。

この章の最後に、あなたの気持ちをもう一度見つめ直していただきたいと思います。

＊

あなたには、本当に大好きで復縁をしたい彼がいますね。

別れのときにはお互いにぶつかり合って、いい思い出がないかもしれません。

しかし、それでもあなたが復縁を望むのであれば、言葉では言い尽くせないほどの何かを彼は持っているのでしょう。

「復縁したい！」と躍起になっていると、目の前の行動ばかりに気を取られてしまいます。「連絡が来ない！」とイライラしたり、「どうしてあんなに冷たい態度を取るの⁉」

と悲しくなったり、「やっぱり彼は私のことを嫌っているのではないか」と疑心暗鬼に陥ることもあるでしょう。

しかし、それでもあなたは彼が大好きなのです。

なぜ、そこまでされても忘れられないのでしょうか？　離れられないのでしょうか？

その答えが、今のあなたの大切な気持ちです。

＊

なぜ、あなたは彼のことが大好きなのか？

――それは、お付き合いをしていたあの頃の、本当に素敵な彼、本当に優しい彼を知っているからだと思います。

＊

困ったときにいつも助けてくれた彼。

落ち込んでいるときに笑わせてくれた彼。

今思えば十分に感じられた彼の愛情。

抱き締められたときの彼の腕の強さ。

手をつないだときの温かさ。

彼の真剣な横顔。

そんな大切な思い出の一つ一つが、今のあなたを動かしているのだと思います。

私の書く文章などではとうてい言い表せないほどの、楽しくて温かい思い出がたくさんあることでしょう。

それをもう一度取り戻したいと思うのは当たり前のこと。そして、あなたには取り戻せる可能性もあります。

だから、立ち止まらないでください。

落ち込んで前に進めなくなったら、焦って周りが見えなくなったら、思い出してみてください。

なぜ、あなたはそんなにも彼が好きで仕方ないのか?

その答えが、あなたの復縁の原動力になるのです。

第2章

復縁のために一番大切なこと

自分で自分の限界を決めないで

この章では、復縁に大切な考え方や気持ちの持ち方についてお伝えしたいと思います。

実は、復縁に成功する方と失敗する方とでは、この芯の部分（＝心の部分）がしっかりしているかどうかに大きな差があります。

人それぞれ状況は異なりますから、あなたの状況に応じた復縁のための具体的な行動をお伝えするには限界があります。でも、行動の基となる考え方さえ間違っていなければ、大丈夫。きっとうまくいくでしょう。

そういう意味で、この章はとても大切です。心して読んでくださいね。

＊

復縁のご相談を受けていると、よく「どうしても悲観的に考えてしまいます」「私には無理だと思います」とおっしゃる方がいます。

人間誰でも、常に前向きに自信満々でいることは難しいでしょう。弱気になるときもあれば、悪い方向へ考えが走ってしまうこともあるかと思います。

でも、そんなときは、自分に問いかけてください。

「私の限界はここまでか？　私の『精一杯頑張った』はたったここまでなのか？」と。

よくスポーツ選手などが「自分の限界を決めるのは自分」と言いますね。そのとおりだと思います。あなたの限界はそこではないはずです。あなたには、自分の限界を決めないでほしいのです。

「私はどうせここまでの人だから」と、あなたの価値をあなた自身が低く判断してはなりません。あなたは、あなたが思っているよりもずっと素敵な方ですし、そのことを彼もきっとよく分かっていると思います。でも、あなた自身の評価が低ければ、彼も、あなたの価値を低く見積もってしまうでしょう。

つい悲観的になってしまう気持ちも分かります。でも、「それが私だから仕方ない」と思わないでいただきたいのです。そこに自分の限界を作るのではなく、「私はもっとやれる」と思っていただきたいのです。

ダメな自分を認めるのではなく、素敵なあなたを認めてあげてください。

そして、復縁に対しても、まずは「私はできる」と思ってください。

あなたは被害者だったのか？

物事には必ず原因と結果があります。原因が分からないままでは、正しい対処法は見つかりません。

ですから、復縁のためにはまず、別れの原因を客観的に正しく把握することが大切になってきます。

別れの原因を考えていただくとき、女性に顕著なのが、「私は被害者」という発想です。

「全然連絡をくれない冷たい彼だった」

「私はあんなに愛したのに、彼の愛情は薄かった」

「いつも彼に振り回されていた」

だから私はかわいそう……そんなふうにおっしゃる方が多いと感じます。

でも、本当にそうなのでしょうか。

本当は、彼はあなたに意地悪で連絡をしなかったのではなく、ただ単に忙しかったのではないでしょうか。

本当は、彼はあなたに興味を失ったのではなく、あなたがいてくれることで安心して仕事に打ち込めていたので、あなたとの会話が減っただけではないでしょうか。

本当は、彼はあなたに精一杯の愛情表現をしていて、それをあなたに喜んでほしかったのではないでしょうか。

少し発想を変えると、必ずしも彼ばかりが悪いのではないことが分かります。

彼に他意はないのに、受け取る側が、考えすぎていたり、思い込みが激しかったりということもあるのです。

相手が悪いと思ってしまうと、気づかないままに相手を責め続け、自分は被害者と思ってしまいがちです。

でも、どちらかが加害者でどちらかが被害者、ということはないのです。

どちらか一方が悪くて、もう一方は悪くないという発想をしていては、復縁は前に進めませんし、進め方も見えてきません。そういう考え方をしていては、決してうまくいかないでしょう。

＊

まずは被害者意識を断って、相手の立場で考えてみてください。

そのためには、「私はこんなにしてあげたのに」という感情を捨てることから始めましょう。

あなたが彼にしてあげたことは、「彼のため」ではなく、あなたがしてあげたいと思ってしたことだと思います。それに対して、大きな見返りを期待し、見返りがなかったからといって彼を責めていても堂々巡りですよね。

この悪循環を断ちましょう。

彼のために何かしてあげたいと思ったときは、「私がしたいからする」と考えましょう。感謝をされて当たり前ではなく、「私がしたいからしただけ。感謝なんていらない」と考えるのです。

それだけであなたのストレスは随分減るでしょうし、彼もあなたと接することが苦痛ではなくなると思います。

別れを告げた彼も本当はつらい

別れの話が出たところで、お聞きします。あなたは彼に別れを告げた側ですか？　それとも告げられた側でしょうか？

別れを告げられた、という方。ここで少し彼の本音をお話ししましょう。

＊

実は、彼にも罪悪感があります。

別れを告げられたほうは、どうしても「私のことをあんなに無残に振っておいて、彼はもうあっさり気持ちを切り替えている」と考えがちです。

でも、実際は彼もつらいのです。自分の決断を貫くために、あえて冷たい対応で別れ、気持ちを引きずらないように、未練を見せないようにしているのではないでしょうか。

本当は、彼も別れを受け入れようと、一生懸命もがいているのかもしれませんよね。

「それなら、復縁すればいいじゃない」と思ってしまうかもしれませんが、彼にもプライドがあります。考え抜いた末の結論をあっさりひっくり返すわけにはいきませんし、前ほど気持ちが盛り上がる自信がないのです。

＊

また、振った側の男性に別れたあとの対応について聞くと、その多くは「近況報告くらいならOK」「世間話程度なら、これまでどおりOK」と答えます。当たり障りのない話を、当たり障りのない頻度で交わすくらいなら問題はないのですね。

おそらく、あなたが考えているほど、彼はあなたに嫌悪感を抱いてはいませんし、避けようとか関わりたくないなどとも思っていないと思います。

別れを告げられたのですから、彼の気持ちを取り戻せるとは思えない、という気持ちもよく分かります。しかし、そのままでは何も進まないですよね。それなら、彼の言動をいいほうへ解釈して、思い切って踏み出してみませんか？

そういうふうに考えられる方が、実際に復縁を成し遂げています。

＊

空を見上げて涙する前に、「彼もきっと寂しいはず」と考え、勇気を出して連絡をしてみてはいかがでしょうか。

別れたあとの優しさは脈あり？

別れた彼はあなたに優しく接してくれますか？　それとも、冷たいでしょうか？

復縁を望む方の多くは、「冷たくされている」と答えます。

別れたあとも優しくしてくれる彼、冷たくなる彼。復縁にはどちらがいいのでしょうか？

＊

きっぱり別れを告げて急に冷たくなったという彼は、おそらく、あなたのことを考えてあなたのためにそうしているのでしょう。

あなたが彼のことを引きずらないように、キッパリ気持ちを切り替えられるように、冷たい態度を取っているのです。彼が冷たい人間であるわけでも、あなたが大嫌いになって避けているのでもなく、彼の最後の優しさなのです。

しかし、多くの方は、急に冷たくなった彼の態度に驚いてしまい、どうにかして元に戻そうと躍起になってしまいます。「あんなに愛し合ったのに」という気持ちが強く、彼の態度が理解できないのです。

そして、変わってしまったことを受け入れず、どうにか修復して元通りにしようとしてしまいます。

けれども、そのことでより一層、彼は冷たい態度やひどい言葉を投げつけねばならず、「オレの気持ちを理解してくれない」とあなたにウンザリしてきます。そして、最初は愛情から冷たくしていたのに、本気で嫌いになってしまいます。注意してくださいね。

＊

別れたあとも優しいという彼は、あなたにキッパリと諦めてほしいものの、冷たい態度を取ることのできない情のある男性だと思います。

せめてあなたが一人でも平気になってくれるまでは、ひどいことはしないでおこうと思っています。そのため、最初のうちは優しくしてくれるのです。

ただ、この場合も、徐々に彼の態度は冷たくなっていくことがほとんどです。

決定的に冷たくなる最大の理由は、「ほかに気になる人ができた」というもの。

これまで一番大切だったあなたがあまり苦しまないようにと世話を焼いてくれていた

のですが、あなたよりも大切な人ができたことで、彼はあなたへの興味を失い始めるのです。

このときになって、「あんなに優しかったのに……」と焦り始め、「最近冷たくなったね」とか「もう私はいらないの？」などと彼を責めてしまう方が多いようです。彼はあなたへの気持ちが薄れているうえに、さらにあなたに責められ、完全に気持ちが離れてしまうでしょう。

別れた女性と縁を切れないということは、女性に対して甘いということでもあります。こういう彼に対しては、優しさに安心せず、あえて潔い態度を見せたほうがいいでしょう。

＊

別れたあとに優しいか冷たいかは、復縁という視点から見るとあまり関係ありません。優しくても冷たくても、愛情に差はありません。冷たい彼だからチャンスがないというわけでもありません。

ここで書いたように、なぜ優しいのか、なぜ冷たくなるのかが分かれば、対処法は必ず見つかります。

あなたの笑顔が彼の笑顔に

「因果応報」という言葉をご存じでしょうか？　「自分が行った行為は巡り巡って自分に返ってくる」という意味で、私は恋愛にもこれが当てはまると思います。

お付き合いしていたとき、あなたは多かれ少なかれ、彼に不満を持っていたでしょう。「不満を彼にぶつけていたら、別れを告げられた」という話もよく聞きます。これを因果応報に当てはめてみると、あなたと同じように、彼も不満を持っていたということになります。

「でも彼は不満なんて何も言っていなかった」と思う方もいるでしょう。それは単に、「不満を口にするかどうかの差」だけだったのです。そのことに気づかず、

・彼には不満がない＝自分が愛情いっぱいのいい恋人だからだ
・自分は不満がある＝彼の愛情が足りないからだ

と思い込んでいませんか？　もしかしたら、それは大きな勘違いだったのかもしれません。彼にも不満はあったけれど、愛情深いので、あなたの機嫌を損ねるようなことをあえて口にしなかっただけなのかもしれません。

どちらか一方が不満だらけで、一方は幸せいっぱいというお付き合いは少ないはず。お互いに同じような思いをしているものです。

あなたがしたことは、巡り巡ってあなたに返ってきます。つまり、別れも、これまでそれ相応のことを行ってきた結果だと考えてみてください。

＊

ただ、この「因果応報」は、悪いことばかりに当てはまるわけではありません。よいこともあります。あなたが周囲の方に対してよい行いをすると、あなたにもよいことが返ってくるのです。

現に、復縁をされた方の話を聞いていると、

「周囲の人に明るく接するようにした。それが彼の耳に入り、興味を持ってもらえた」

「自分が言われて嫌なことは言わないように気を使った」

「相手の立場で考えるように心がけた」

などなど。自分から心がけてよい行いをした結果、よい出来事があった、というのが

分かりますね。

あなたがもし、「最近嫌なことばかり」とか「ツイていないな」と思っているのであれば、自分の行動を振り返ってみてください。嫌なことが多くて、周りに対してイライラしていませんか？　悪いことばかりに目を向け、些細《ささい》ないいことを見落としていませんか？

あなたが復縁を考えているのであれば、彼や周りの人に対してよい行いをしてほしいのです。それが巡り巡って、あなたの喜ぶ結果につながります。

このことを忘れて、自分の気持ちばかりを押しつけていては、彼にも同じようなことをされてしまうでしょう。

＊

ここで注意していただきたいのが、彼にとってのよい行いが、必ずしもあなたの行動とは限らないということ。

例えば、別れた直後で、しばらく放っておいてほしいと思う彼に対して、あれこれよいと思われる行いをしても逆効果なことは分かりますね。このような場合は、何もしないことが一番の「よい行い」になるでしょう。

努力は必ず自分に返ってきます。頑張りましょうね！

嫌な記憶を楽しい記憶に変えていく

「悲しい記憶・つらい記憶」と「楽しい記憶・幸せな記憶」、どちらが後々まで強く残るものでしょうか?

いろいろ意見はあると思いますが、私は「楽しい記憶・幸せな記憶」のほうが勝ると思います。

あなたの記憶をたどってみてください。嫌なことが起きたばかりであれば、繰り返し思い出されて、「嫌なことって忘れられないよね」と思ってしまうかもしれませんが、過去の話であれば、嫌なことはあまり覚えていないのではないでしょうか。

おそらく、楽しい思い出のほうが多いでしょう。

楽しい記憶が残っていくから、今を過ごせるのだと思います。嫌な記憶で固められていたら、生きていくことそのものが嫌になってしまうでしょう。

つまり、今、あなたが別れた彼にどんなに嫌われていても、その嫌悪感はいずれ薄れ、あなたとの楽しかった思い出だけに変わっていく可能性は十分あるのです。時間がたつというただそれだけで、彼のあなたとの記憶は楽しいものに変わっていくのです。

では、楽しい記憶に変わっていくのを、ただただ寝て待てばいいのかというと、そうではありません。

どうせなら、楽しい記憶に変わっていく手助けを、あなたも少ししてみましょう。

例えば、彼が優しくて明るいあなたを好きだったのであれば、彼と接する際にはそういう面を見せていく。彼が女の子らしい可愛いあなたを好きだったのであれば、彼と接するときには可愛い面を見せていく。そうやって、いい思い出になる手助けをすることも大切です。

それは、ほんの些細なことでいいのです。少しのことでも、彼はあなたを見直したり、よい印象を持ったりするものです。

別れ際の嫌な記憶に縛られず、お付き合いのときの楽しかった思い出を記憶にとどめていくための努力をしましょう。

理想を押しつけない、多くを求めない

あなたには理想の恋人像がありますか？　できれば恋人にはこうあってほしいと思うことはありますか？

というのも、その「理想」が叶わず、彼に不満を漏らして追い詰めてしまった結果、別れに至るケースが多いと感じるからです。

・いつも愛情いっぱいでいてほしいのに、彼は冷たい

・望むことをしてくれる彼でいてほしいのに、してくれない

・もっと大切にしてほしいのに、気持ちが伝わってこない

そんな理想との違いに、不満を漏らし、彼を追い詰めてしまうのです。

＊

求める理想が高すぎて現実が追いつかず、不満に思うのはよくあることです。

少し考えていただきたいのですが、あなたのその不満は、あなたの独り相撲ではなかったでしょうか？

あなたが考えていたように、彼はあなたに対して本当に適当な扱いをしていたのでしょうか。

例えば、彼が仕事で忙しくほかのことが考えられない状態のときに、「冷たくなった」とあなたが感じたとしても、彼は「この仕事が終わったらゆっくり向き合おう」と考えていたかもしれません。

＊

読者の方の中には、理想と違うことで不満をぶつけすぎてしまったな、と思った方もいらっしゃると思います。

それなのに、なお今、「メールの返信が遅い」「たまに返事をくれない」などと、多くを望んではいませんか？

期待に応えてくれることが一番いいのですが、過度な期待は危険です。求めることが多すぎると、それがかえってあなたのストレスのもとになります。

とかく「こうしてほしい」と思うと、そうならないことにイライラしたり、焦ったり落ち込んだりしてしまいがちです。

先日も、「これまで返信のなかった彼からやっと返信が来ました」という方がいらっしゃいました。ここから徐々に距離を縮めていこうと思った矢先に、「でも、文面が前より冷たいんです」とのご相談。

確かにそうかもしれませんが、これまで返信がなかったことを考えると、前進したわけですから、そのことをまず喜んでほしいなと少し寂しくなりました。

＊

このように、せっかく一歩前へ進んでも、もっともっとと要求するようでは、自分がつらくなるだけです。前向きになることと、多くを望みすぎることは違うと思います。

彼には彼のペースがあります。あなたの理想を押しつけず、彼のペースを考えて、まずは一歩ずつ進みましょう。

遠回りに見えて、それが復縁への近道なのです。

復縁したいならグチは言わない

先日、友人の話を聞いていて残念に思うことがありました。

彼は最近、恋人と別れました。振られたそうです。

話を聞いていて、未練たっぷりなことはすぐに分かりました。にもかかわらず、彼は彼女の悪い部分をひたすら挙げるのです。そして、復縁のためにどうすればいいのかを私に聞くのです。

私は軽く触りだけアドバイスをしました。彼はそのとおりに動きました。彼女は喜んでくれたようで、彼にとても感謝されたのですが、その報告の際も彼はやはり彼女の悪口を言うのです。

相手のことを悪く言って自分を守りたいのでしょうが、それは逆効果です。相手のことを悪く言えば言うほど、虚《むな》しくなるでしょう。

聞かされるほうもたまりません。「そんなに嫌なら会わなければいいじゃない」と思われるだけで、あなたを応援する気には到底なれないでしょう。

＊

あなたはどうでしょうか？　彼の前ではいい顔をしつつ、友人などには彼のことを悪く言ったり、グチを言ったりしていませんか？　また、直接悪く言わずとも、友人が彼に嫌な感情を持ってしまうようなエピソードなどを話していませんか？

これでは、いざというときに復縁を反対されるでしょうし、あなたのグチは巡り巡って彼に届くかもしれません。周囲に対する彼の評価も下げてしまいますし、そんな相手に未練のあるあなた自身の評価も下げるでしょう。あなた自身が、彼や自分に対して低い評価をすることになってしまうのです。

つまりは、誰一人としていい思いをする方はいません。

あなたが復縁を望むのは、単なる執着でしょうか？　もし単なる執着であれば、ほかに素敵な男性が現れれば、気持ちはあっさり変わると思います。そうならないのであれば、それは執着ではなく、心から彼を必要としているからでしょう。

あなたに必要な大切な人の評価を下げることのないように。復縁したいのなら、悪口やグチは禁物です。

復縁のために
あなたに捨ててほしいもの

このタイトルを見て、ドキッとした方はいませんか？

安心してください。ここでいう「捨てるもの」とは、物や思い出ではありません。

復縁に向けて一歩踏み出す前に、あなたに捨ててほしいもの、それは、こうあらねばならないという、いくつかの「既成概念」です。

＊

その一つ目は「復縁に否定的な考え」です。

以前から、復縁に対して罪悪感を持っている方が非常に多いことが気になっていました。世の中には、「復縁なんて考えるべきではない」という考え方がそれだけ多いのでしょう。

でも、あなたはそれでいいのでしょうか？　あなたは復縁をしたいと思っているのに、

「復縁は間違っている」という考え方を信じて、それに縛られていていいのでしょうか？

そんな状況では、たとえ復縁を諦めたとしても、次の恋もうまくいかないのではないかと思います。

「復縁なんて考えるべきではない」というのは、数ある考え方の中の一つに過ぎません。

あなたに必要のない考え方は思い切って捨ててください。


復縁のために捨てるもの、その二つ目は「いらぬプライド」です。

「自己防衛」という名のいらぬプライドが邪魔をして、すべてを素直に受け入れられない方がいます。

特に、別れた彼を悪く言う方に、この傾向が強いと感じます。まるで、彼が悪いから別れに至ってしまったと言わんばかりに。

このような方は、自分が悪いと認めてしまうと傷ついてしまうため、何とか自分を正当化しようとします。それでは、本当の問題は見えてきませんし、前に進むこともできません。当然、復縁もうまくいかないでしょう。

いらぬプライドは捨てて、素直になりましょう。そのほうがきっとラクですよ。

復縁のために捨てるもの、三つ目は「これまでの恋愛観」です。

復縁を実現された方には、「これまでの恋愛に対する考え方は間違っていた」という方が多くいらっしゃいます。間違いに気づいて改善し、それが相手に伝わって復縁ができたのでしょう。

かつての恋人同士のときの気持ちのままで彼に接していても、何も変わらないと思います。彼への接し方、お付き合いの仕方を、いま一度見直してみてください。そこから、新たなあなたの魅力が生まれることでしょう。

＊

厳しいことばかりで申し訳ありません。

でも、スタート地点に立って、これから復縁への道を進まれる前に、なるべくいらないものは捨てて、身軽になっていただきたいのです。

そのほうがずっとスムーズに進めると思います。

第3章

復縁に向けて行動を始める

最初は距離を置くべきか？

この章では、いよいよ復縁のための具体的な行動についてお話ししたいと思います。
復縁へ向けての具体的な流れは、次のようになります。
①お互い、冷静になる
②徐々に連絡を取り始める（同時に彼についての情報収集をする）
③あなたの魅力を彼に再確認させる
④情報をもとに彼の理想の女性を目指す
⑤彼に好意を持ってもらう
⑥復縁
では、順を追ってご説明していきましょう。

＊

まず最初の一歩です。復縁に向けてまず何をしたらいいのでしょうか？

復縁について書かれた書籍やサイトの多くには、「最初は距離を置きましょう」「何もせず、しばらく放置しておきましょう」などとあります。でも本当にそうでしょうか？

前章でもお話ししましたが、人によって、別れのケースによって、復縁の方法は様々です。距離を置いたほうがいい方もいれば、早い段階で行動を起こしたほうがいい方もいます。また、距離を置いたほうがいい方でも、２週間でＯＫの方もいれば、３カ月置いてもまだ早い方もいます。

では、あなたの場合はどのくらい距離を置けばいいのか、教えてもらうしかないのでしょうか？　答えはＮＯです。なぜ距離を置くのか、距離を置くと何が起こるのかが分かれば、必要な期間がおのずと見えてきます。

＊

では、距離を置くことによって、彼にどんな変化が生まれるか考えましょう。あなたにではありませんよ。彼に生まれる変化です。

まず第一に、彼は冷静になります。「あのときは言いすぎたな」とか「オレにも悪いところがあったな」などと冷静に考えられるようになり、別れ際の嫌悪感や拒絶感が薄れていきます。薄れることで、あなたへの連絡も気楽にできるようになります。

次に、あなたのことが楽しかった思い出として整理されていきます。別れ際の嫌な記憶は次第に消えていき、「結構いい子だったな」「あのときは楽しかったな」と、楽しかった思い出に変わっていきます。

そしてここが一番のポイントですが、それらの感情が次第に喪失感に変わっていきます。あなたを失った事実が現実のものとなり、寂しい気持ちが芽生えてくるのです。あなたが押せ押せですと、彼はこの気分を味わえませんが、距離を置くことで喪失感は強まっていきます。

このように彼の気持ちは変化していきます。

このことを理解しておくと、彼と再会したとき、彼が落ち着いていることに気づくでしょう。すると、あなたも同じように冷静な対応ができます。新たな気持ちで、彼と旧友のように接することで、彼はすんなりあなたを受け入れてくれるでしょう。スムーズな復縁へのスタートになります。

ところが、このことを理解せず単に距離を置いただけでは、彼は、あなたのことを「別れたときと何も変わっていないな」と思ってしまうでしょう。そして、別れた直後の続きのような会話になってしまいます。

彼はせっかく冷静になっていたのに、また逆戻りです。

この変化が表れる期間には個人差があります。普段から前向きで細かいことを気にしない彼であれば、距離を置く期間は短くてよいでしょう。反対に、真面目で神経質な彼なら、あなたが思っている以上に時間を空けたほうがいいでしょう。

＊

そして大切なことは、この距離を置いている間のあなたの過ごし方です。彼のことばかりを考えて、何もせずにひたすら時間がたつのを待っているようでは、これほどもったいないことはありません。この空白の時間に自分を成長させることを考えましょう。

例えば、彼に会ったときだけ最高の自分を見せるのではなく、周囲の方にも常に気を配る努力をしてほしいのです。

このような習慣が、あなたの魅力として蓄積されていくでしょう。

＊

あなたが復縁のために今すべきことは、彼にすがることでも、執拗《しつよう》に連絡を取ることでもありません。彼にあなたのことを思い返してもらい、少しだけ哀愁にひたる時間を与えること、そしてあなたがもっと魅力的になること。

今何もすることがない、できることがない、と落ち込んでいる方はぜひ参考にしてください。あなたの復縁はもう始まっています。

距離を置かないほうがいいケース

前項で、別れたあと、しばらく距離を置いたほうがいいケースもあれば、置かないほうがいいケースもあるとお話ししました。

では、すぐに行動を起こしたほうがいいのは、どのようなケースなのでしょうか。具体的な事例をもとに、もう少し詳しく見ていきたいと思います。

以下に当てはまる方は、今すぐ復縁のために行動を起こしたほうがいいでしょう。

◆ケース①

彼と昨日、小さなことからケンカになり、勢いで別れてしまいました。彼はいつも、朝起きたら一番に「おはよう」のメールをくれるのに、今日はありません。

ケンカの理由は、彼が電話で、急な仕事で時間を作れなくなったと、デートの約束をキャンセルしてきたことでした。そんなことは初めてだったので、私はカッとなり、彼を責めてしまいました。そのうち彼も「仕方ないだろう！」と怒りだし、「もういい！　別れよう！」と電話を切られてしまいました。

私は怖くて、その後も電話をかけることができません。今は、本当に別れてしまったんだなと悲しくて涙が止まりません。

＊

このケースのように、めったにケンカをしない二人が、お互い「売り言葉に買い言葉で」勢いで別れてしまったのであれば、彼も反省していることが多いのです。早めに手を打つことをおすすめします。ポイントは、必ずあなたから折れることです。

ケンカが日常的なカップルの場合は、すぐに行動するよりも、少し時間を置いて頭を冷やしたほうがいいでしょう。

＊

◆ケース②

彼とは別れて1年くらいたちます。たまに連絡を取り合っては、グチを言い合ったり、楽しく話をしたりと、仲間のような間柄です。

お互いに別れたあと、お付き合いをしている相手がいましたが、私は今フリーで、彼も近々彼女と別れるかもと言っていました。

付き合っていた期間よりも友達としての期間のほうが長くなってしまい、私は彼がまだ好きなのですが、彼に恋愛感情はないように感じるのです。

どうすれば、復縁できるでしょうか？

＊

この方の場合、タイミング的にも状況的にも復縁に必要な要素がそろっています。

彼がもし、あなたと付き合いたくないと思っているなら、彼女と別れそうという話はしません。「それなら私と付き合おう」と言われたくないからです。

しかし、彼はあなたに別れそうだと匂わせていますよね。

もうあとは、彼に再度あなたのことを女性として意識させるだけです。善は急げ、です。「女性として意識させる」だけで、彼はすぐに彼女と別れて、あなたの元へ戻ってくるでしょう。

＊

◆ケース③
別れて5年になる彼と、先日、偶然再会しました。全く連絡も取っておらず、お互い過去のことになっていましたが、再会しても変わらない彼の優しい雰囲気に、昔の大好きだった気持ちを思い出してしまいました。

聞けば、転勤で上京してきたとのこと。分からないことも多いだろうから、と連絡先を交換し、少し話をして別れました。もう終わってしまって、すっかり過去の恋なのですが、もう一度やり直すことなんて可能なのでしょうか？

可能だと思います。

彼もきっと、この再会に運命的なものを感じているはず。今すぐ連絡を取って、ゆっくり話をしてみるといいと思いますよ。

＊

いかがですか？　何となく法則がお分かりいただけましたか？

ほかにも、早めに行動を起こしたほうがいいケースには、

・彼と連絡を取ったり遊んだりはできるのに「恋人」に戻れないケース

・彼に新しくお付き合いしている女性がいるケース

などがあります。いずれも、「あとはあなたに恋をしてもらうだけ」という状況なのです。

頑張ってくださいね！

復縁へのファーストステップ＝彼の警戒心を解く

距離を置いてお互い冷静になったところで、次の一歩、勇気を出して彼に連絡を取りましょう。

このときくれぐれも注意していただきたいのは、いきなり「復縁して！」と迫るのではなく、「友達から徐々に」始めること。覚えておいてくださいね。彼のことが大好きなのはよく分かりますが、その気持ちを押しつけないこと。まずは軽い関係からです。

＊

別れたばかりの彼は、あなたに対して警戒心を持っています。

「どうせ何も変わっていないよ」

「また嫌な思いをさせられるんじゃないのか」

「何のつもりで近づいてくるんだ」

などなど、不満が渦巻いているはずです。

そんなところへ、あなたがいくら「嫌なところは直すから、もう一度考え直して！」「私は変わったのよ、もうあなたの嫌いな私じゃないのよ！」と訴えても、彼は聞く耳を持たないでしょう。

彼の心に届かなければ、何を言ったところで「しつこいなあ」と思われるだけです。

こうした状況に対して、まずは、彼があなたの言葉を素直に聞き入れてくれるように持っていかなければなりません。

この場合、効果が高いのは、親しい友人など第三者にあなたのことを伝えてもらうことです。あなた本人がいくら訴えたところで、彼も警戒して、ひねくれた受け止め方しかしないでしょうが、第三者の意見は案外すんなり受け入れられることが多いのです。

＊

といっても、あなたの周りに、親身にあなたと彼の間を取り持ってくれる方がいればいいのですが、そんな人はいないという方も多いでしょう。

となると、あなた自身が彼に伝えていくしかありません。

そのためには、彼が素直にあなたの言うことを聞いてくれるように、別れによってできた、彼とあなたとの間の壁を取り除かなくてはなりません。まずは彼に、

「私はもう害のない人間ですよ」

「私はあなたを困らせる人間ではなく、助けになる存在ですよ」

と分かってもらうことが大切なのです。

＊

多くの方が、とにかく「彼が好き」という気持ちをアピールしてしまうという過ちを犯しています。これは逆効果です。

それよりも、彼にあなたが無害であることを分かってもらうほうがよいでしょう。

害がないと分かれば、彼もあなたへの警戒心を緩めます。彼の警戒心が緩めば、あなたは彼と友達として気軽に接することができます。その気楽な状況の中で、彼にあなたが変わったことを徐々に伝えていくのです。

分かりますか？　彼の警戒心を解かなければ、彼はあなたの言葉を素直に聞いてくれません。あなたが未練たっぷりに「好き」と迫り続けても、彼は心を閉ざす一方です。

復縁に向けて、まずは「友達」という立場を目指しましょう。

そして彼がわだかまりなく、あなたに笑顔を向けてくれるようになったなら、あなたの伝えたいことを伝えていきましょう。

情報収集は大事なキーポイント

久しぶりにメールを送るときのタイミング、会おうと誘うタイミング、復縁を口にするタイミングなどなど、復縁にはタイミングが大切です。タイミングさえよければスムーズに進むことも多いのです。

そして、ここぞというタイミングを見極めるために必要なのは、彼についての情報収集です。

＊

最も簡単で確実なのは、共通の友人知人にお願いして、彼の最近の様子を教えてもらうことです。例えば、メールを送るにしても、ちょうど彼が昇格試験に合格したとか、風邪を引いてつらいなど、様子が分かれば話題にも困りません。

中には、「私が彼のことをいろいろ聞き出そうとしていると、彼に伝わってしまうことに抵抗がある」という方もいるかもしれませんね。

そのような場合は、無理に彼のことを聞き出そうとしなくていいのです。友人と、なるべく多く会ったりメールのやり取りをするようにし、たくさん話す中で、ほんの少しだけ彼のことをサラッと話題にするとよいでしょう。それなら、友人には「彼ばかり気にしている」という印象は残りません。

そのためにも、情報収集をする相手には、なるべく彼のことをよく知っていて、あなたも気軽に会うことができる人を選ぶのが基本です。

ある方のご相談で、こんなケースがありました。

＊

彼と私の共通の知人はAさんしかいません。

Aさんは彼とは親しいのですが、私とは彼を介して知り合っただけなので、それほどではありません。Aさんに彼の情報を教えてもらいたいと思うのですが、何となくお願いしにくいのです。

Aさんの友人のBさんと私は、たまたま以前からの友人で仲がいいのですが、Bさんは彼とは面識がありません。

そこで、BさんにAさんと話をしてもらって、それとなく彼のことを聞き出してもらいたいと思うのですが、それでもいいでしょうか。

＊

この質問に対する答えは、NOです。

彼からどんどん離れたところへ協力をお願いすることになり、回りくどくなりますね。それにたとえお願いできたとしても、Bさんがいつ Aさんと話をしてくれるか分かりません。数カ月あとになってしまうこともあり得ます。また、Bさんを挟むことで、情報が正しく伝わってこない可能性もあります。

それでしたら、Bさんに Aさんを改めて紹介してもらい、Aさんと仲よくなって、彼のことを直接教えてもらうほうが話は早いでしょう。

＊

こうして情報収集を重ね、彼の状況が少しでも分かれば、あなたも動きやすいかと思います。

メールの返事が来なくて不安になったときも、「彼は最近忙しいようだ」という情報があれば、仕方ないなと思えるでしょう。また、「新しい彼女ができたようだ」と分かれば、もう少し落ち着いた頃に連絡をしてみよう、などの対策も取りやすいでしょう。

コンタクトを取る前に、できるだけたくさん情報を集めておくことをおすすめします。

彼と盛り上がる話し方の秘訣

情報もある程度集まり、タイミングもいいとなったら、いよいよ彼に連絡を取る段階です。メールでも電話でも何でもいいのですが、最初はメールのほうが気は楽でしょう。具体的なメールの注意点については4章にまとめましたので、参考にしてください。

ここでは、彼との話を盛り上げる話法の秘訣をご紹介したいと思います。

*

まず、彼の話をうまく引き出す話し方。

こちらから「週末は誰と何をしていたの?」とか「新しい彼女はできた?」なんていきなり聞いてしまうと、彼は詮索《せんさく》されているようで嫌な気分になってしまいます。彼は一線を引きたいと思っているのに、あなたに境界線を越えて土足でズカズカと入ってこられるような印象です。

そういうときは、「自分の話をしたあとで相手に振る」ということを心がけてみてください。例えば、

「週末に両親と温泉に行ってきたの。あなたは何をしていたの？」

「私は気になる人がいるようないないような、微妙なところなんだけど、あなたは彼女とかできた？」

などです。

一方的に聞いてしまうと尋問になってしまいますが、あなたが先に自分の話をすれば、彼も気にはしません。

また、ただ単に「何をしていたの？」と聞いてしまうと、どこまで話せばいいのか、どんなことを話せばいいのか分からないのですが、あなたが先に話すことで、同じように話せばよいと分かります。相手に話す基準を与えることができるのです。

どうも、いつも取り調べのような尋問口調になってしまうと悩んでいる方はぜひ、実践してみてください。

＊

次に、少々プライドの高い彼でも、気持ちよく動いてくれる話し方について。特に、付き合っていたときから衝突ばかりしていたという方には参考になると思います。

例えば、1対1は難しいので、なんとか複数で彼と会う場をセッティングをしたいと思った場合。「今度○○さんたちとバーベキューに行く予定なの。あなたもおいでよ」なんて言っても、彼は動いてくれないでしょう。

そんなときに相手が気持ちよく動いてくれる話し方のポイントは、「まずほめること」です。例えば、

「あなたってアウトドア得意だったよね。絶品のご飯の炊き方とか詳しかったじゃない？　今度○○さんたちとバーベキューに行く予定なんだけど、一緒にどう？　皆もあなたは詳しいから誘おうって言ってて」

と言えば、彼の受け止め方は格段に違ってきます。

ほめているので、彼は嫌な気分にはなりません。さらに、あなただけの意見では弱いのですが、「皆が言っている」という一言が真実味を増します。

彼が来てくれる可能性も高くなるでしょう。

＊

このように彼の話の引き出し方、会話の盛り上げ方は、あなた次第でどうにでもなります。勇気を出して連絡してみましょう。

彼が気持ちよく応じてくれる話し方の秘訣

いつもなぜかお付き合いが長続きしない……そんな方が皆、性格が悪かったり、思いやりがないわけではありません。十分優しさに満ちあふれて、性格もとてもよいのに、なぜかうまくいかない方もいます。原因は何なのでしょうか？

実は、ほんのちょっとした言葉の選び方が問題であるケースも多いのです。

例えば、彼が疲れていると思ったから「もう帰ってゆっくりしたら？」と言ったところ、彼に「せっかく来たのに追い出すようなことを言うなんて！」と誤解されたり。彼の仕事のグチに対して励ますつもりで「大丈夫だよ、どうにかなるよ」と言ったら、彼に「真剣に考えていない」と受け止められたり。

＊

では、どうすればうまく気持ちが伝わり、彼も気分よく応じてくれるのでしょうか？

具体的に、頼み事をするときのケースで考えてみましょう。

頼み事をするとき、「〇〇してね」と言うと、相手は「押しつけられている」とか「困るな」と感じてしまいます。

こういうときは、「〇〇してね」ではなく「〇〇してくれると助かる」とか「〇〇してくれると嬉しいな」と言うと、誤解を招きません。ただ「〇〇してね」と言うよりも、「応じると喜んでもらえる」と、彼の無意識に働きかけることができます。相手が喜んでくれると嬉しいですから、頼み事もOKしてくれることでしょう。

この言い方は様々な場面に応用できます。

例えば彼を食事に誘いたいときは、「食事に行こうよ」ではなく、「一緒に食事でも行きたいね」とか「食事に行けると嬉しいな」と言ってみるといいでしょう。また、久しぶりに電話で話したいと思ったときは、「電話に出てよ」ではなく、「久々に話がしたいな」とか「たまには電話してもいい？　いつならOKかな」と言ってみるといいでしょう。

言い方一つでOKをもらえる確率も高くなります。

＊

でも、そんな言い方をしたら未練があると思われるのでは、と心配する声も聞こえてきそうです。確かに、「〇〇できると嬉しいな」という言い方は未練がましく聞こえますね。

ただ、そんなふうに思わせておいて、実際に会って話してみたら、サッパリした雰囲気だったならどうでしょうか？「まだ気があるのかな」と思っていただけに、拍子抜けすることでしょう。

すると今度は、あなたがまだ未練があると思っていた分だけ、少し彼は喪失感を感じます。「なんだ、あっさり割り切ってるじゃないか」と、安心の陰に少し寂しい気持ちがわくでしょう。この喪失感は、恋愛においてとても大切なものです。失ってつらいものは、イコール大切なものと認識します。

喪失感を何となく感じさせることが、復縁の第一歩にもなるのです。

＊

さて、話を戻して、相手の気持ちを操る方法はほかにもあります。

例えば、別れたあと、彼と会ってギクシャクした経験はありませんか？

何となく冷たい雰囲気を感じて、どうすればいいのか分からず無理に明るく振る舞ってみたり、一緒に撃沈してお通夜のような空気になったり。「どうすれば笑ってくれるかな？」「どうすれば前のように明るく接してくれるかな？」という考えばかりが頭の中をグルグルしますよね。

そんなときは、思い切って言ってしまったほうがいいと思います。

「なんか雰囲気重いよね（笑）」と。

このように本質を突くときに気をつけることは、「笑いながら明るく言う」こと。重く暗い雰囲気のままに真剣に言ってしまっては、彼は余計に萎縮してしまいます。

あなたと同じように、彼も気まずさを抱えているのですから、本音をズバリ突いて気楽にしてあげましょう。明るく笑い話程度に伝えれば、彼も「いや、だって気まずいっしょ？（笑）」「ホントだよね（笑）」とリラックスしてくれます。

一番緊張するのは、気持ちを隠したり、抑えたりすることですから、それから解放されれば気が楽になります。きっと笑顔も戻るでしょう。

よくあるのが、この空気のときに「友達としてやっていけるかな」などと余計に重い発言をしてしまうケース。そんな空気を味わったあとにYESと答えるのは難しいですよね。

＊

彼から気持ちよくOKをもらいたいと思うのであれば、あなたの伝え方をほんのちょっと変えてみましょう。ポイントは、「誤解を招かない伝え方をする」「相手も喜んでくれる伝え方をする」「時には本音を吐き出させる」の3つですよ。

誘って断られても チャンスに変える方法

連絡が取れるようになったら、次は「誘ってみる」という段階にステップアップします。さて、ではどうやって彼を誘いましょう。

多くの人は、彼を誘ったら、何とか彼にＯＫを言わせようと考えます。ＯＫを言わせるためにはどうすればいいだろう、と考えます。

でも、ＯＫをもらえるかどうかは、誘ってみなければ分かりませんね。

それでは、いつまでたっても勇気がわきませんし、もしＮＯと言われたら、そのあととても落ち込んでしまうでしょう。

＊

実は、そんなに深く考えなくてもいいのです。一番簡単な方法をお伝えしましょう。

それは、「ストレートに誘う」こと。本当に簡単でしょう。

どうにかしてOKと言わせてやろうとか、「こうかな?」「こっちかな?」とあれこれ思い悩むくらいなら、思い切ってストレートに誘ってみることをおすすめします。

でもあなたは、そんなにストレートに誘ったら嫌がられないかと思うことでしょう。大正解です! 考えなしに誘うと嫌がられます。

そこで、大切なのが「誘ったあとの対応」です。

誘ったあとのことを考えていますか? 例えば「○○に行かない?」と誘って、彼が「NO」と答えたなら、あなたはどうしますか? 「YES」と返ってきたらどうするのでしょうか?

大切なのは誘うことよりも、彼が答えたあとの、あなたの対応なのです。その返答次第で、彼は誘われても不快にはならないものです。

＊

具体的にご説明しますね。

例えば、こう決めておきます。彼を誘って「NO」という答えであれば、素直に「残念!」と答えます。そのときは明るく半分笑うくらいで。間違っても、暗く「そっかぁ……」などと答えて空気を重くしないように注意します。

私も、これまでに何万回も「NO」を突きつけられました。恋愛でも、交渉事でも。

このときに、実に惜しそうに残念そうに去ってしまうと、確実に次はありません。

反対に「あー残念！　じゃ、また」と明るく去っておけば、爽やかで明るい印象を残せます。するとあとで、相手が「そういえば、あのとき断ったから誘ってみるか！」と気軽に声をかけてくれます。

ですから、彼を誘って、もし「いや、やめとく」という答えが返ってきても、ここでどっしりと構えて「なによ～、残念！」と言い切ってしまいましょう。こちらが軽く流すことで、彼にも重い話として残らないし、空気も悪くなりません。

＊

このように、シビアなことや相手が答えにくいことを聞くときには、明るくストレートに聞いてしまったほうがよいのです。おっかなびっくり、回りくどく聞いて、あとで落ち込むよりは、精神衛生上もよほどいいと思います。

サクッと聞いて、サラッと流す。これだけのことで、印象はよくなります。彼も気軽にＮＯを言えますから、あなたを避けようとしないでしょう。

明るくサラッと。これだけで、彼のＮＯが次のＯＫにつながります。

復縁の鍵、彼の2つのツボを見極める

相手の気持ちを考えるときに、知っておくと非常に有効なことがあります。

・何をすれば相手は喜ぶのか
・何をすると相手は怒るのか

この2つが相手の気持ちを知るツボになります。

＊

というのも、別れの原因で「彼のツボを突いてしまった」と感じられるものが多いからです。

例えば、ついカッとなって、彼が一番気にしている部分を非難してしまったとか、冗談で相手の怒りに触れてしまったなど。こちらからすれば大したことはないと思うことでも、人によっては大きくプライドを傷つけられたと感じることもあります。

あなたは思い返してみていかがでしょうか？

彼の素敵なところを一生懸命ほめたのに、彼の反応がいま一つだったという経験はありませんか？　または、何気なく言った一言からケンカに発展してしまった経験はありませんか？

ほめても反応がいま一つなのは、照れているという可能性もありますが、それよりも、ほめるツボがズレているからかもしれません。「ほめてほしいのはそこではないのに……」と彼は思っていたのかもしれません。

復縁を進めるうえで、彼を気分よくさせることができれば、進展も早いと思います。反対に、怒るツボが分からなければ、彼を不快にさせ、復縁から遠のくこともあり得るでしょう。

喜ぶツボ、怒るツボ、の二点セットで心得ていたいものです。

＊

では、どうすれば彼のツボが見極められるのでしょうか？

それは、普段からの注意力にほかなりません。試しにいろいろなことを言ってみて、反応をうかがってもよいですが、そんなことをすると、取り返しがつかなくなるかもしれませんね。

そこで普段から、彼が誇りに思っていること、自信のあること、よく話題に出ることなどをつかむ努力をしましょう。

仕事に誇りを持っているのであれば、仕事のことでほめられると彼は嬉しいでしょう。スポーツの話題をよく出すのであれば、運動神経のよさをほめてあげると喜ぶかもしれません。

また同時に、第三者のどんな行動に対して怒るのか、怒りのツボも把握しておきましょう。

礼儀がなっていない人に対して怒るのであれば、礼儀をわきまえない言動は、怒りのツボを刺激するでしょう。取引先の方が時間にルーズなことを怒る彼であれば、あなたが時間にルーズであれば当然怒るでしょう。

普段の会話から、彼が何に対してどう反応するのか、気にしてみるとよいと思います。彼ではなくても、あなたの周囲の方でも誰でも構いません。日頃から、そのような目線で相手を見てください。その訓練が、いざ彼の前に出たときに、役に立ちます。きっと「前より感じがよくなった」と思われるでしょう。

＊

ほかにも、何に対して彼が喜ぶのか、確認する方法があります。

あなたの周囲の誰でもよいので、何かに秀でている方の話題を持ち出してみます。そして、彼の反応をうかがってみるのです。

例えば、「最近、〇〇さんは資格を取るために勉強しているらしいよ。今の仕事もいいけど、将来独立したいんだって」と言ってみて、「すごいなあ、オレも勉強しようと思っているけど、なかなか忙しくて。何の資格を取ろうとしてるの？」などと話に乗ってくるようであれば、彼にとって勉強や努力という事柄は大切なツボになっていると分かるでしょう。

何かの折に、「さすが、仕事頑張ってるのね」とか、「将来のことをちゃんと考えているのね」というほめ言葉を使えば、彼はほかのほめ言葉よりも、よりよい気分になります。

彼をよく観察して、ぜひ、ツボをたくさん発見してください。彼の対応もきっと変わってくるでしょう。

最初の一歩は失敗してもいいのです

復縁したいと思って同じように行動を起こした方々も、ある時点で2つに分かれます。

一つは、勇気を出して最初の一歩を踏み出してみたものの、思うようには進まず、それ以上前に進めなくなってしまっている方。

もう一つは、勇気を出して最初の一歩を踏み出してから、どんどん前に進み、復縁に向けて着実に進んでいる方。

同じように最初の一歩を踏み出したのに、こんなに違いが出てくるのはどうしてでしょうか？　性格や考え方の違いでしょうか。

いいえ、それだけでは片づけられない理由があります。

＊

実は、この分かれ道のポイントは、「最初の一歩を踏み出して、いい結果が出たか、出なかったか」にあると思います。

彼に対して何か行動を起こして、その結果がうまくいった方は、気分よく次の段階へ進めます。最初の一歩がうまくいくと、それが自信になって、さくさくさくと前へ進めるのです。

しかし、結果がうまくいかなかった方は、とたんに勇気がなくなり、次の手が考えられなくなります。次の手を打とうとすると、前回の悪い結果が頭をよぎります。

「また無視されたらどうしよう……」

「しつこいと思われて、着信拒否されたらどうしよう……」

悪い結果を想像し、ますます勇気が出なくなります。たった一歩のことなのに。

＊

そんなふうに臆病になってしまっているあなたに、ぜひ伝えたいことがあります。

それは、「最初の一歩は失敗してもよい」ということ。

最初の一歩は、まだまだほんの小さな一歩です。1通のメールであったり、ほんの一言の挨拶であったり。そこで復縁の成功・失敗が決まるわけではありません。

最初の一歩がうまくいかなかったからといって、それをずっと引きずって、悪い方向へ流れていくくらいなら、仕切り直してもう一度同じことをしてもよいのです。次は成功するかもしれません。その小さな成功があなたの自信になり、次の一歩の原動力になり、勇気がどんどんわいてくるでしょう。

勇気を出して、もう一歩踏み込んでみてください。動かなければ何も変わりません。あなたのほんの少しの勇気が、大きな結果につながっていくことでしょう。

大丈夫ですよ、自信を持ってください。

前向きに動くとかえって嫌われませんか？

思い切って一歩踏み出してみようと思ったときに、多くの方が迷うことがあります。

それは、思い切って一歩踏み出すことが、彼には迷惑になるのではないかということです。

彼の気持ちが、あなたの一歩を受け入れられる状態になっているのか、どういう状態なら、「思い切って踏み出す」のがいいのか、どの状態なら「彼の気持ちを考えて待つ」べきなのか、判断が難しいというのです。

確かに、「前向きに頑張ってみよう」と思って動いていることが、彼にとっては迷惑だった、というのは避けたいですね。ここでは、その判断基準を大まかにお伝えしようと思います。

まず、次のご相談をご覧ください。

「ずっと彼とのやり取りは順調でした。最後のメールもお互いの共通の趣味についてで、かなり盛り上がった状態でした。それから2週間後にメールを送ってみたのですが、3日たっても返信がありません」

＊

さて、この場合、あなたならどうしますか？

①そのうち来るだろうと気長に待つ
②期限を決めて待ってみて、返事がないようであればまた送ってみる
③これまで3日も空いたことがないから、「どうしたの？」とメールする
④無視は許せないから「返事くらいして」と催促する

＊

①②は「相手の気持ちを考えて待つ」ケース、③④は「思い切って踏み出す」ケースですね。

この状況での正解は、①か②です。

二人の雰囲気は悪くないですし、彼も気分を害しているとは思えません。忙しいとか、あとで返事しようと思っていたなど、軽い理由で返信が遅れているだけでしょう。また

は、女性が特に返信の必要のないメールを送ってしまったのかもしれません。

いずれにせよ、この場合では待っていれば返事は来ると思います。そんな状況で、焦って行動に出て、彼を急かすのは逆効果になるでしょう。

では、次のようなご相談ではいかがでしょう？

＊

「電話で話したとき、彼が『今年のゴールデンウイークは長いんだよな。でもヒマでさ。○○に行きたいなーと思っているんだけど、友達は休みが少ないんだ』と言いました」

＊

さて、あなたなら、どうしますか？
①やっぱり嫌われると嫌なので誘わない
②「私も休みだけど、予定がたくさんあるのよ！」と元気な自分をアピールする
③思い切って、「よかったら一緒に行こうよ」と言ってみる
④「私でよければヒマだけど？」と明るく言ってみる

＊

この場合も、①②は「彼の気持ちを考えて待つ」ケース、③④は「思い切って踏み出

す」ケースですね。

そして、こんな状況のときの答えは③か④です。

もし誘われて困るようであれば、彼もそんな話はしないでしょう。思い切って誘ってみる価値はあると思います。

②は絶対にタブーです。

彼は予定がないと言っているのに、あなたにはたくさん予定があると言われたら、何だか見せつけられているようで嫌な気持ちになる男性も多いでしょう。元気であることをアピールするタイミングが違いますね。

ここで、判断のポイントをまとめておきましょう。

◆「思い切って踏み出す」ほうがいいケース

・彼に嫌悪されていることはなく、連絡も取れる

・これまで返信があったりなかったりだが、特に悪化はしていない

・彼は忙しい人だ

・メールの間隔は2週間以上あけている

◆「彼の気持ちを考えて待つ」ほうがいいケース

・付き合っていたときは束縛していた
・彼に依存してしまうほうだ
・メールを送っても、一言しか返事がない。だんだん返信率も下がっている
・頻繁にメールをやり取りしている。もしくは一方的に送っている

＊

特に注意していただきたいのは、お付き合いをしていた頃からあなたが彼に要求することが多く、彼がウンザリしていた場合です。それが別れの一因になっている場合は、「別れてもなおしつこい」と思われることもあるので、ますます注意が必要です。

これまでのやり取りを思い出してみてください。彼は、あなたの他愛もないメールにも返事をくれますか？　少し距離感はあっても誠実な対応をしてくれていますか？　どちらも「ＹＥＳ」の方なら、勇気を出してください。もっと思い切って行動に移しても大丈夫です。

それでもなお判断が難しいという場合は、一晩寝てから答えを出してみるとよいでしょう。その場で判断しようとすると、冷静にできないこともあります。一息ついて出した結論なら、きっと正しい答えだと思います。

必要以上に下手に出てはいけない

あなたは復縁したいがために、彼に必死で気を使っていませんか？　例えば、会いたいと思い、彼の都合を聞いてみる。たまたま都合が悪いときで、その旨の返信が来る。それに対する返事で、「忙しいのに無理言ってごめん。大した用事ではないから気にしないでね」と、必要以上に下手に出て「ごめんごめん」と繰り返していませんか？

しかし実は、この状態は彼を余計に心苦しくさせるのです。

たまたま都合が悪くて断っただけなのに、あなたが必要以上に気を使っている。彼は、「次に誘われると断れないな、困ったな」という気持ちになります。傷つけるつもりで断ったのではないのに、自分がとても悪い奴に思えてしまいます。

すると、また誘われると困るので、今度は誘われないように誘われないようにと対応するようになります。あなたが「おいしいお店を発見した！」と教えてあげても、「一緒に行こう」と言われると困るので、話をそらすようになります。「今近くにいるの！」とメールしても、会えないため返事をしてくれなくなります。

断ると落ち込むと分かっているので、断ることもできず流してしまうのです。

これでは困りますね。それならば、気軽に「そうか、残念だね。また都合のいいときに！」と明るく伝えたほうが、彼も気軽に受け答えができるでしょう。

気を使うこと自体はとてもいいことなのですが、度が過ぎて下手に出るようになると、このように逆効果になります。

＊

ある実験によると、相手に尽くしすぎても、放ったらかしすぎても、恋愛は長続きしないそうです。復縁においても同じことが言えます。あなたが気を使いすぎることによって、彼は居心地が悪くなることもあるのです。

そうならないためには、彼と同じように振る舞うことが一番です。「それでは前に進まない」というなら、ルールを一つ決めておきましょう。「最初の一歩はあなたが踏み出し、その後の対応は相手に合わせる」と決めるのです。そうすれば、彼にとっては重すぎず、距離も空きすぎず、スムーズに関係は改善していきます。例えば、
・挨拶はあなたから声をかける。彼が挨拶だけで足早に去ろうとするのであれば、挨

拶だけにしておく

・メールはあなたから送るが、返信は1回のみでその後は来ないのであれば、彼のメールに対してあなたも返信しない

このように彼の対応に合わせて振る舞うことで、必要以上に低姿勢という印象はなくなります。彼もやり取りしやすいでしょう。

最近、彼に「ごめんね」を言うことが多くなったと感じている方は見直してみるといいでしょう。都合のいい関係になっている、と感じる場合も同様です。距離を置こうとするのではなく、あなたも都合よく相手を扱ってみるとよいでしょう。そうすることで相手が不機嫌になるのであれば、明らかにあなたは単なる便利屋さんと思われているだけです。関係を改善することをおすすめします。

同じようにすることで、むしろ前より連絡が取りやすくなったという場合はいい状況だと言えます。今後の展開も大いに期待できるでしょう。

＊

あなたと彼はあくまでも平等です。彼を心地よくさせるのは大切なことですが、度が過ぎることで、逆に愛情が重く感じられ、居心地悪くなることもあるのです。あなたの愛情が重くならないように、彼との温度差を感じさせないルールを心がけましょう。

謝罪・反省はある程度親しくなってから

ある程度彼と親しくなってきたら、次はあなたの反省と謝罪を伝えましょう。

お付き合いのときの反省や謝罪は、彼が聞く耳を持ってから伝えるのが原則です。連絡のやり取りができるようになって、やっと伝えられるのです。

ただ、中にはここで、反省のあまり自己否定をしてしまったり、自己嫌悪に陥ってしまう方がいます。まずは自分に自信を持たなくては、彼にとってあなたは魅力的には見えません。つまり、反省と自己否定は違うのです。

例えば、次のような伝え方はどうでしょう。

「私って、あなたのことを全然理解していなかったし、とても自分勝手でワガママな女だったと思ってる。こんな最低な私なんて、嫌いになって当然よね。でも、あなたと別れてから反省したの。これからは変えていこうと思う」

さて、これを聞いた彼はどう思うでしょうか？

まず最初に来る感情が「暗いなぁ……」「気まずいなぁ……」、それから「そこまで思ってなかったのに、自分のせいで嫌な思いをさせたな」、そして「なんか面倒なことになったな」——。もう彼はあなたと距離を置きたい気分でいっぱいです。

＊

なぜ、そんなことになってしまうのでしょうか？　それは、あなたが「お付き合いの反省」をしているのではなく、「自分の人間性についての反省」をしているからなのです。

お付き合いの仕方、恋人としての自分については反省の余地はあるかもしれませんが、あなたの人間性が悪かったわけではありません。あなたは、たまたま彼とうまくいかなかっただけで、あなたという人格が否定されたわけではありませんよね。彼以外で、あなたに好意を持っている人はたくさんいるはずです。

さらに、自分で自分の人間的な魅力を否定してしまうと、彼のあなたへの魅力も薄れてしまうでしょう。心の中で反省をすることは必要かもしれませんが、それを彼に聞かせる必要はないのです。

彼に謝りたいのなら、もっと表面的な「お付き合いをするうえでの反省点」を述べたほうがよいのです。彼への接し方に対する反省です。むしろ、彼はそちらの反省を望んでいます。そのほうがストレートで分かりやすく、聞いていてもイライラしません。

例えば、彼が仕事で忙しいことから、すれ違っていったケースなら、

「私はあなたの仕事に対して理解ができていなかった。私とは立場が違うから、もっと理解をするべきだった。理解されないことで、あなたにもストレスを与えたと思うし、そういう関係に終止符を打とうと思うのは当然だと思う。

でも、離れてみて、仕事のことを自分の尺度で測ろうとしていたことを反省したの。あなたの立場であなたを理解する必要があったって気づいたの」

これならどうでしょうか？　暗い印象やすがりつく感じがないですね。むしろ毅然とした態度すら感じられ、聞いているほうも納得できるでしょう。

＊

繰り返しになりますが、彼に謝るときにはタイミングが大切です。彼の怒りがピークのときには、どんなに素晴らしい言葉を並べたところで伝わりません。言葉は、「話す」ことよりも「伝える」ことのほうが大切です。

もし謝りたいと思うなら、彼との関係を、最悪な状態から少し好転させておく必要があります。彼があなたの言葉に耳を傾けるような関係を作ることが大切です。

彼とまだ険悪という方は、慌てて今反省を伝えないように注意してくださいね。

彼が乗ってくれる相談の仕方

あなたの努力の甲斐《かい》あって、徐々に彼との距離も近づいてきたけれど、なかなかそこから発展しないというとき。そんなときは、彼に相談事を持ちかけてみることをおすすめします。

相談に乗ってくれるかどうかで、彼のあなたへの気持ちがどの程度か分かりますし、悩みを分かち合うと明らかに相手への親しみが増すからです。

彼からお悩み相談が寄せられればいいのですが、事はそううまくは運ばないもの。あなたから相談を持ちかけることが、さらに二人の距離を近づけるきっかけになると思います。

*

ところが、「相談を持ちかけても、なかなかうまくいかない」という方が多いので問題です。

「相談したけど、それをオレに言われても困ると言われた」

「状況が分かりやすいように詳しく書いた相談メールを送ったのに、返事は1行だった」

「最初は親身になって相談に乗ってくれたのに、だんだん態度が冷たくなった」

なぜ、そんなことになるのでしょうか？

＊

そうおっしゃる方の経緯をよくよく聞いてみると、多くの方が、ほぼ丸投げの、彼に頼り切った相談をしているのです。例えば、

「仕事で上司とうまくいかなくて。あなたならどうする？」

「モチベーションが上がらなくて。どうすればいいかな？」

「今度イベントの幹事をやるんだけど、気をつけることってある？」

など。このような丸投げの相談をされた側の彼の気持ちを考えてみましょう。

「上司とうまくいかないって……。よく分からないな」

「モチベーションくらい、自分で何とかしてよ」

「何のイベントかも分からないし……」

きっと彼は、最初に「何？」と思い、次に「そんなの知らないよ」とあきれ、最後に

「別れたのに面倒だな」と思うでしょう。彼からすれば、全ての責任を負って、一から回答をしてあげなくてはならず、手間がかかるからです。

彼からまた「どうしたいの？」と質問をしなければ、返事のしようもありません。

「別れたのに、なぜそこまで面倒見なくちゃならないの？」と彼がイライラするのは当然ですね。

＊

彼が快く応じてくれる相談の仕方は「具体的に、かつ相手を立てる」、これに尽きます。

相談は具体的にと書くと、女性はつい自分のつらい心理を具体的に綴ってしまうのですが、そうではありません。

相談内容を具体的にすることと、「自分はこうするのがよいと思うけど、どう思う？」とある程度の自分の意見を述べておくことが大切です。

先ほどの例で言えば、

「仕事で上司と意見が食い違って。私は○○したほうがいいと思うのだけど、上司は△△のほうがいいって言うの。上司に従うべきなのか、それとも、周りも私の意見に賛同しているから、もう少し上司と話し合うべきなのか、ちょっと迷ってて。

あなたは仕事もできるし、人間関係も円滑にできる人だから、簡単に意見を聞かせてくれると嬉しいな」

こんな相談の仕方であれば、彼も応じやすいでしょう。

＊

それから、相談とグチは違うと覚えておきましょう。例えば、

「今度、イベントの幹事をやることになってね。私って統率力ないし、細かい計画とか立てられないじゃない？　大変だぁとか思って」

という相談。

相手があなたに愛情を持っていれば、「可愛いなあ、困ってるんだね、よしよし」という気持ちにもなりますが、そうでなければ「だから何？　グチ？」と思われて終わりです。

＊

このように、相談一つとっても、少し気を使うだけで、彼が受ける印象は大きく変わります。

ポイントは、「具体的に」かつ「相手を立てる」、そして「グチにならない」、この３つですよ。

彼に再度トキメキを感じさせる

復縁を考えたときに、彼があなたに対して再度トキメキを感じるという段階は、とても大切だと思います。

男性は、女性のちょっとした仕草にトキメキを感じるものです。彼が女性らしいと感じる仕草を研究して、意識してみるといいでしょう。

軽いボディータッチもおすすめです。

つい遠慮してしまい、彼に触れられないという場合、それは二人の心の距離を反映していると思います。心の距離を縮めたいのであれば、まず物理的な距離を縮めること。思い切って彼の近くに寄ってみることをおすすめします。

*

仕草だけでなく、言葉でも彼にトキメキを与えることは可能です。

全く色気のない日常会話から一歩進んで、恋愛の話をしてみたり、映画やドラマの恋人同士が盛り上がっているワンシーンを話題にするのもいいでしょう。

彼が今ほかの女性に片思い中であれば、あえてその話を彼にさせてもいいと思います。そうすることで、彼はドキドキする気持ちになりますよね。あなたと話をしていてドキドキすることで、あなたとのトキメキが復活することもあり得ます。もっと直接的に、あなたと彼が出会った頃の話をしてもいいでしょう。

恋愛の話はタブーだと思っている方も多いようですが、このように、むしろ話題にしたほうがいい場合もあるのです。

＊

メールの場合も同様です。例えば、

「今日は○○ちゃん（彼も知っている女友達）と本屋さんに行って、その後イタリアンを食べて二人でカラオケして帰ってきたの～。もうクタクタ～」

なんてメールを送っていませんか？　これでは、あなたの行動に全く色気がないので、彼は何も意識しません。

それより、同じことを言っていても、こんな文面だったらどうでしょう。

「今日はちょっと知り合いと食事に行ったの。すっかり遅くなっちゃって。クタクタ～」

彼は、「え、誰と？」「そんなに盛り上がったの⁉」と気になるでしょう。

全てをさらけ出してしまうよりも、こうして少し分からない部分、謎めいた部分を残しておいたほうが、彼もあなたのことが気になってくるものです。

逆を考えてみると、分かりやすいでしょう。

例えば、彼から「知り合いと朝まで飲んでいて、久々に楽しかった」なんてメールが来たなら、きっとあなたは「誰？　新しい彼女⁉」ともう気が気ではないですよね。別れたとはいえ、彼も同じです。

まずは彼にあなたを意識させるためにも、少し彼が気になる部分を残すようにするとよいでしょう。

＊

それから、ここが一番大切なのですが、彼はあなたを映す鏡です。あなたが彼にトキメキを感じなければ、彼もトキメいてくれません。いつも緊張感を漂わせていると、彼も同じように必要以上に緊張し、あなたと接すると疲れると思ってしまうでしょう。

それならば、もっとあなたがリラックスして、彼を振り回すくらいの余裕を持ったほうが彼も楽しいと思います。

もう一度彼に恋をしてもらうために、あなたの女性らしさを武器にしてくださいね。

第4章

復縁を進めるメール術

返信率の高いメールとは？

彼にもう一度振り向いてもらいたいと思うなら、あなたから積極的に働きかけていくことが大切です。そのときにとても便利なのが、気軽に送れるメールの存在です。

メールのやり取りで大切なことは、まずは、彼に「あなたからのメールには害がない」と思ってもらうことです。「復縁を迫ることが目的ではなさそうだな」と警戒心を解いてもらうのです。

そのためには、最初は近況報告など当たり障りのない内容がいいでしょう。彼への気持ちを切々と綴ったり、謝罪や反省などの重いメールはＮＧです。

そして彼から返信が来るようなら、その調子でしばらく、軽く楽しいやり取りを続けましょう。

＊

ところが、この彼からの返信がなかなかもらえず、悩んでいる方が多く見受けられます。

返信が来ないことに大した理由はなく、女性の側の考えすぎの場合も多いのですが、送るメールに問題がある場合もあるので、注意が必要です。返信しやすいメール、思わず返信をしたくなるメールというのがあるのです。

実際に、彼が返信をくれたメールの例で見てみましょう。

＊

①「この前○○（彼の好きなアーティスト）のライブに行ったよ。ついでに限定版のＣＤを買ったんだけど、聴く？」

②「お元気ですか？　今月号の○○に『新人の扱い』の特集があったよ。お互い苦労してるよね。私は参考になったから、よかったら見てみて」

③「あなたの好きな○○のＣＤが明後日発売になるよね！　実は△△でイベントをするらしいよ」

④「仕事は大変？　私は昇給したよ。その祝いに連れて行ってもらったお店があなたの家の近くで、すごくおいしかったよ！　○○って店知ってる？」

⑤「久しぶり！　Ａくんてサッカー詳しかったよね。○○ってチームのチケットをもら

ったから、見どころの選手を教えて。楽しんでくるよ（笑）」

⑥「この前ついに新しいPC買ったよ。でもイマイチ使いこなせず苦労してます。新しいのに前のPCより重い。何でだろう？」

＊

まず、メールの内容ですが、仕事、彼の好きなアーティスト、映画、スポーツなど、彼の興味・関心のある話題を選ぶことが大切です。

そのうえでポイントは、簡単な質問を交えたメールであること。答えるのに手間のかかる難しい質問は避け、なるべくYESかNOですむ程度の簡単な質問がいいでしょう。

そして、明るい雰囲気であること。当然ですが、暗い陰鬱《いんうつ》なメールでは返信を出すのも億劫《おっくう》になります。

さらに、②③④のように、彼が「へえー」と思うような有益な情報提供をするのもいいですね。

また、⑤⑥のように、女性だからこそ可能な、彼の知識を頼るメールもおすすめです。なんといっても、男性は頼られることに弱いものです。

このとき注意しておきたいのは、頼るのは彼の知識であって、彼そのものを頼る内容にならないようにすること。例えば、

「風邪気味なんだけど、前にあなたが飲んでよく効いた薬を教えてくれる?」

「風邪気味なの。前にあなたが飲んでよく効いた薬をもらえるかな?」

前者は彼の知識を頼っていますが、後者は彼自身を頼る内容になってしまっています。彼を頼る際には知識のみにとどめておきましょう。

＊

メールの文面一つ取っても、このように作戦が大切です。

ただその日の出来事や感情を漫然と送り続けるのではなく、よく考えて、二人の距離を縮めるツールとして有効利用してください。

質問なら何でもいいわけではない

前の項で、メールのポイントとして、「簡単な質問を交えること」とお伝えしました。これを誤解して、無理のある、取って付けたような質問を送ってしまう方がいるので、注意が必要です。例えば、次のようなメールは典型的でしょう。

「テレビを見ていたら○○が出てたよ。○○って△△と付き合ってるんだっけ？」

彼に直接関係のないテレビの話であるうえに、普通、男性は興味を持たないゴシップです。こんな内容はわざわざ彼に知らせる必要はありません。

もし、こういう内容のメールにもきちんと返信してくれるなら、彼はあなたのことを大切にしてくれていると思ってよいでしょう。

＊

質問をするときの注意点として、その質問を彼に投げかける理由が必要です。

興味もなく知識もない分野の話題を出されても、どう答えればいいのか分かりません。「さあ?」とか「知らないよ」としか返事のしようがないでしょう。

質問の理由が、彼にも明らかに分かるものであれば、よほど嫌いでない限り、返信してくれるものです。例えば、車関係の仕事をしている彼に、車の修理や車両保険についての質問メールを送ったなら、きっと答えてくれるでしょう。

＊

お付き合いをしていた頃と違って、今はもう少しメールの内容を吟味することが大切です。そのためのポイントは2つです。

・彼になぜその質問をするのかが明白なこと
・彼に関係した話題であること

ポイントを踏まえたメールであれば、返信は来ます。だんだん返信率が下がってきたと悩んでいる方は、無駄な質問を交ぜていないか、彼に関係のない話題に終始していないか、見直してみてください。

質問することや彼に関係した話題がない場合は、むしろ無理にメールを送らないほうがよいでしょう。「何とか彼とつながっていたい」という一心で送り続けることは、あまり得策とは言えません。

返信が遅くても気にしない

メールの内容が的確でも、返信がないときもあります。また、時間がかかってようやく届くこともあるでしょう。

返信が遅れた場合、考えなければならないのは、時間がかかった理由です。あなたのメールの内容が的確であるならば、理由としては、「忙しかったから」か、または「つい忘れていた」のどちらかでしょう。

もし、忙しい状況で時間を見つけてメールをくれたのであれば、こちらから頻繁に連絡をするのは避けたほうが、彼への負担は少ないですよね。しばらく時間を空けるなどしたほうがいいでしょう。

一方、返信をつい忘れていたのであれば、今はまだ彼のあなたへの関心は低いと言えます。この状況で無理に質問を作ってメールし続けたところで、関心が引けるとは思えません。それよりも、彼が思わずクスッと笑ってしまうような、インパクトのある内容を考えたほうがいいでしょう。例えば、あえて「最近、影の薄い○○です（笑）」などと入れてみるのもおすすめです。

また、遅れて届いたメールに、「遅れてごめん」などの謝罪の言葉が入っている場合、この彼の気遣いを愛情と勘違いして、ここぞとばかりに矢継ぎ早にメールを送ってしまう方がいるので、それは避けましょう。

＊

メールの返信が遅いよりは早いほうが、彼のあなたへの関心は高く、復縁もそう遠くないと言えます。でも、返信が遅いからといって必ずしも悲観する必要はありません。

過去にも、返信がないと嘆いていた女性がいたのですが、単に彼が携帯をなくしてしまっただけで、あっさり復縁できたケースがありました。また、彼が仕事詰めでメールをする気力すらなく、時間のできた年末年始の休暇中にやり取りが再開し、そのまま復縁に至ったケースもありました。

ですから、返信にかかる時間にはそんなに敏感にならないでください。それよりも、大切なポイントはその内容です。彼が自分の話を書いてきたり、あなたの話に応じてさらに質問してくれたりというやり取りができていれば、復縁までそう遠くないでしょう。

返信がないことに触れるべき?

とうとう返信が来なかった……ということもあるでしょう。それで終わりにしてしまったら、復縁は実現しません。

では、返信がないまま、次のメールを送りたいと思ったときはどうすればいいでしょう? 返信のないことに触れたほうがいいのか、触れずに済ませたほうがいいのか、どちらでしょう?

答えは、「触れても触れなくてもどちらでもよい。触れるのなら、触れ方に注意する」です。

あまり細かいことを気にしない彼であれば、あえて触れる必要はないでしょう。何もなかったように、また一からメールを送るだけです。

反対に、返信していないことを気にしそうな神経の細やかな彼に対しては、返信のないことにあえて触れて、こちらが気にしていないことをアピールしたほうがいいでしょう。

問題は、その触れ方です。２つのメールの例で見てみましょう。

Ａ「元気？　私の周りはインフルエンザが流行っているけど、そっちはどうかなと思って。○○は大丈夫？　この前は忙しいときにメール送っちゃってゴメンね。きっと忙しくて返事出せなかったんだろうなと思った。なるべく負担になりたくないから、返事は無理しなくていいからね。

この前△△（彼も知っている友人）に会ったんだけど、○○は元気にしてる？って聞かれたよ。私もよく分からないから、さあ？って答えるしかなかった。元気にしてる？」

＊

このメールでは、彼の返信がないことに何度もしつこく触れています。簡単に彼は「忙しくて書く時間がなかった」だけかもしれませんし、もしかしたら「ちょうど送ろうとしていた」ところだったのかもしれません。

それについて、くどくどと書かれると、とても面倒に感じてしまいます。

B「元気？　連絡ないままもう1回送るけどゴメン（笑）。この前△△（彼も知っている友人）に会ったんだけど、○○のことを聞かれたよ。よかったら連絡してやって。仲よくしていたみたいだし。じゃ、体に気をつけて」

こんな内容であればどうでしょうか？

返信がなかったことについては、気にしていない様子で、明るくさらっと触れているだけです。これなら、今度は彼も返信してくれるかもしれません。

ほかにも、反応のよかったメールの文面をご紹介しましょう。

「おーい、連絡ないけど大丈夫？　てか、私、メール送っていいのかな？（笑）」

「立て続けにゴメン。ちょっと急ぎだったから……（続く）」

「せっかくメールをくれたと思ったら、早速スルーかい!?」

「たびたび申し訳ない。実は今度……（続く）」

ポイントは、あくまでもさらっと明るくです。忘れないでくださいね。

メールは2通目がカギを握る

最初のメールに返信は来るけれどそれだけ、いつもメールが1往復半（あなた↓彼↓あなた）で終わってしまうという方はいませんか？

そのような方は、最初のメールではなく、あなたの2通目のメールに原因があると考えられます。返信が来ると安心して、次のメールはあまり考えずに書いていませんか？

そう、この場合、1通目のメールより、大切なのは2通目なのです。

では、どうすればいいのでしょうか？　1往復半で終わってしまう典型的なやり取りを例に見てみましょう。

＊

あなたのメール「最近、同僚が部署を替わって大変そうなの。あなたも半年くらい前に同じような経験をしてたよね。あなたはとてもうまく溶け込んでいた印象なんだけど、やっぱりなるべく自分から周囲に話しかけたり、いろいろ努力をした？」

彼からのメール「そうだなあ。あんまり覚えてないや」
あなたのメール「そっか。そのときにどんな話題で話をしたの？」
（彼から返信なし）
あなたのメール「例えば仕事の話とか、趣味の話とか？」
（彼から返信なし）

＊

彼は「覚えていない」と言っているにもかかわらず、さらに突っ込んで質問メールを送っていますね。彼としては「覚えていないって言ってるだろう」という気持ちでしょう。

この場合、2通目のメールは、「そうだよね。話の内容までは私でも覚えてないわ。ゴメン。ありがとう。またね〜」とお礼で終えるのがいいでしょう。

もしくは、ここから話題を変えて、改めて彼の興味を誘うのもいいでしょう。例えば、「そっか。ありがとう。そういえば、最近やせたね〜って言われるんだよ！　あなたもやせたいって言ってたけど、成果はどう？」とか。

彼からの返信をよく確認して、内容に合った返信を送ることが大切です。このケースのように、彼が乗り気ではない話題を引っ張りすぎないよう、気をつけましょう。

＊

次にお伝えしたいのは、彼は乗り気なのに、あなたが緊張からなのか、話題を盛り上げきれず失敗するパターンです。「いつも私のメールで終わってしまうので、彼はあまりメールをしたくないのでしょうか」と悩んでいたAさんのケースで見てみましょう。

＊

Aさんのメール「お元気ですか？　その後体調はどう？　こちらは相変わらず忙しくて毎日帰りが終電ギリギリです。前にメールをしたときに体調が悪いと言っていたから、ちょっと気になって。元気になっていたらいいけど」

彼からのメール「心配してくれてありがとう。すっかり元気になりました。でも、あのときはかなり疲れもたまっていて、風邪が悪化して肺炎を起こしかけていました。医者に、もっと早く来なさいって怒られちゃったよ。しばらく点滴をしていたから、回復も早かったようだよ」

Aさんのメール「そっか。それはよかった。じゃ、もう体調もいいんだね。一安心だね。無理しないようにね」

＊

ここで彼からのメールは途絶えました。

彼は、せっかく心配してくれているのだから、きちんと報告しておこうという気持ちで、返信してくれたのでしょう。Aさんからの2度目のメールで、それが伝わったことが分かったので、彼にすればもうこの件は終了です。Aさんのメールは、彼にそう思わせる内容になっています。

自分で返信の必要のないメールを送っているのに、返信が来ない＝あまりメールをしたくないんだ、と結論づけるのは間違っていますね。

さらに返信がほしいのなら、2通目のメールで「そっか、よかった。まだしばらく通院するの？」などと重ねて質問をするといいでしょう。また、彼が「そうそう！」と共感してくれるような、新しい話題を提供するのもいいでしょう。

＊

電話と違って、考える時間が持てるのがメールのいいところです。

「こう返しておけばよかった……」と後悔することのないよう、今日から2通目のメールにもこだわってみてくださいね。

イライラさせる、かみ合わないメール

メールのやり取りをしていて、イライラする返事というものがあります。それは、会話がかみ合っていない返事です。二人の距離を縮めるためのやり取りなのに、イラつかせてしまっては元も子もないですね。例を挙げてご説明しましょう。

＊

あなたのメール「毎日暑いね！　元気？　ちょっと聞きたいんだけど、○○のお店って△△の駅出て右だっけ？」

彼からのメール「いや、左だよ」

あなたのメール「そっか。そういえばこの前、□□の映画を見たよ～。最後の展開がどうなるのかワクワクだったけど、意外にあっけなくてさ～。時間を費やした割には……（映画の話が続く）」

確かに、基本どおりに、最初のメールで彼が答えやすい質問を送っています。彼も答えてくれているのですが、その内容に触れないまま、自分の話をしてしまっていることが問題です。会話がかみ合っていませんね。

ほかにも、こんなやり取りはいかがでしょう?

＊

あなたのメール「今度○○ちゃんたちと飲み会をする予定なんだけど、よかったら、あなたの友達も交えてパーッといかない?」

彼からのメール「いいよ～。○日なら空いてるよ」

あなたのメール「あ、○日はNGだ(笑)。てか、まだあそこのジムに通ってるの?」

彼からのメール「最近行ってないけど」

あなたのメール「そうそう、私もヨガをしようと思ってさ」

＊

明るくやり取りはできていますが、やはり会話がかみ合っていません。せっかく彼は返事をくれているのに、あなたが相手をしていないという感じになっていますね。

また、こうして誘うのであれば、自分の都合の悪い日をあらかじめ伝えておくこと。でなければ、彼の答えにあなたがNOを言うことになり、「じゃ、いつにしよう?」と無駄にやり取りが長引くことになります。彼もだんだん面倒になってしまうでしょう。

さらに、彼のメールをそのまま受けて返しているだけのため、やり取りが面白くなくて続かないというケースもあります。

＊

あなたのメール「毎日暑いね！　元気？　ちょっと聞きたいんだけど、○○のお店って△△の駅出て右だっけ？」
彼からのメール「いや、左だよ」
あなたのメール「そういえば左だったね〜。すごい助かったよ。ありがとう。さすがよく覚えているね！」

＊

2通目のあなたのメールは、彼の言ったことをそのまま返しているだけで、内容がありません。時にはそれでもいいのですが、いつもこうでは、やはりだんだん面倒になります。できれば、彼のメールにあなたなりの見解を加えたり、そこから話を発展させたりして、より盛り上がるように持っていきたいものです。

メールも会話も、キャッチボールです。何だか話がかみ合わないな、やり取りがいつも1回で終わってしまうなと感じている方は、少し見直してみてください。

次のステップ＝悩み事を共有する

「世間話程度ならできるけど、深い話はできない」「メールの頻度がなかなか上がらない」という方、そろそろ次の段階へ進みましょう。

世間話程度からなかなか先に進まないでいると、彼はあなたとのやり取りに徐々に飽きてきます。最初は義理からか、または久しぶりという物珍しさから返信をくれた彼ですが、延々と続く内容のないメールに返信し続けるのは面倒になってきます（この段階ですでに、かなりいい雰囲気になっている場合は除きます）。そして、徐々に返信が遅くなり、ついには来なくなるでしょう。

そこで、飽きられないために、次のステップとして簡単なお願い事をするといいでしょう。例えば、

「○○のデータを持っていたら送ってくれるかな？」

「○○について聞きたいのだけど、あなたは結構詳しいよね。教えてくれる？」
「前に○○に行ったじゃない？　悪いけど道を教えてくれるかな」
など。簡単なことでも、お願い事をする➡それに応える、というやり取りによってぐっと親近感が増します。

＊

しかし、いつもお願い事ばかりでは彼も疲れてきますよね。そこで、さらに次のステップに進みましょう。

次のステップは「悩み事を共有する」です。彼の悩みを聞いてあげるのです。

とはいえ、いきなり「何か悩んでる？」と聞いても、彼は答えてくれないでしょう。

彼の悩みを引き出すために、先にあなたから悩みを話してみましょう。例えば「最近、肩凝りがひどくて。○○も肩が凝るってよく言ってたよね。何が一番効くのかな？」とか。仕事の話が共有できるのであれば、仕事上の悩みもいいですね。

あなたが投げかけた悩みに対して、「オレは○○がよく効くよ」とか「オレはこう思う」などと返信が来たとしましょう。大切なのは、この返信に対して、あなたがどう返すかです。

よくあるのが、「そうなんだ！　参考になったよ。ありがとう」「なるほどねー、○○

だと思うんだね」など、あっさりと一言で話題を終わらせてしまうケース。これではあまりにもったいないです。

せっかく悩みを共有できているのですから、もっと盛り上げましょう。

ここから盛り上げるには、次の2つのポイントを押さえることが大切です。

①しっかり同調する→共感する

②そこから話を広げる

①は特に大切です。あなたの悩みに対して、彼が「オレもさ……」と自分の話をしてくれたら、そのときにしっかり同調します。「あ、分かるよ！　同じだね」とか、「私だけじゃないんだね」などと伝えて、「一緒だね！」と共感します。共感を得られたことで、彼は嬉しくなるでしょう。

彼の気分がよくなったところで、さらに話を膨らませましょう。

彼は「実はオレも……」と悩みを書いてくれていれば、それについて質問をします。「じゃ、やっぱりこれこれこうするの？」「私はそんなときはこうするけど、あなたは？」などです。

このように彼に共感しつつ、さらに質問を送れば、会話のキャッチボールが成り立ちます。深い話題で共感を得ることで、二人の距離は近くなるでしょう。

ワンランク上の返信で彼の気持ちをつかむ

ここまで、メールの注意点についていろいろお話ししてきました。

メールのやり取りで一番大切なことは、「彼の気持ちに共感する」ことです。あなたのメールに彼が返事をくれたら、それに対してきちんとコメントをし、「分かるよ」という意思表示をすることが大切です。

＊

その基本を踏まえたうえで、ここでは、彼の気分がよくなり、あなたへの印象もアップする、ワンランク上のとっておきのメールテクニックをお伝えしましょう。

例えば、彼がメールで、

「今の職場って張り合いがないんだよね。何となく仕事して、みたいな」

とグチをこぼしてきたとしましょう。あなたはどう返信しますか？

「そっかー。大変だね。でもよく頑張っているね」とねぎらう方もいれば、「それは面白くないね。私の職場もさ～」と同調する方もいるでしょう。

2つとも悪くはありませんが、ややありきたりな印象があります。彼のストレス発散にはなるかもしれませんが、それだけです。

＊

では、彼の気分がよくなり、あなたへの印象もよくなるワンランク上の返信テクニックとはどんなものでしょう？

それは、「どんな状態でも相手をほめる」です。

この例で言えば、彼はただグチをこぼしているだけなので、ほめる部分などないように思えますね。その状態でもあえてほめるのです。具体的には、

「そっか～。そんな職場だとあなたの能力がもったいないね」

「なるほどね。そんな環境で向上心を持ち続けているなんて、すごいね！　私だったら流されそう」

「それはあなたのモチベーションが高いんだよ。周りが付いていけていないのかもしれないね」

などなど。

彼のグチの背景には、「自分はここには合わない」「つまらない職場だ」という気持ちがあります。その気持ちを汲んで（共感して）、ほめる（理解してあげる）のです。

ほめられて嫌な気持ちになる人はいません。彼は、プライドをくすぐられて嬉しくなるうえに、共感し理解してくれたあなたに対して、「自分のことを分かってくれているな」と感じるでしょう。

そして、「あなたに話してよかった」「また話を聞いてもらおう」と思ってくれることでしょう。

＊

どんな状況でもほめる。このスキルを身につけておくと、あなたの印象はぐんとアップします。

きっと、別れる前よりも印象はよくなるでしょう。

第5章

復縁実現まであと一歩

「観察力」でタイミングを逃さない

さあ、いよいよ、復縁に向けての総仕上げです。

最終段階に向けて復縁をさらに前に進めていくには、彼が今どんな状態なのか見極めて、タイミングをはかることが大切になってきます。でも、彼の気持ちや状態を知ろうと思ったときに、言葉しか手段がないようでは難しいですね。

ここで求められるのが、あなたの「観察力」です。口に出してもらわなくても、相手をよく観察していると、何となく今の気持ちや状態が分かるものです。

＊

以前、こんなご相談がありました。

「彼と偶然会いました。軽く話もできました。お茶でもしたかったのですが、迷惑かなと思ってそのまま別れました」

私は、「えー！　そこで誘って話ができたんじゃないの⁉」と思いました。よくよく聞いてみると、彼は買い物を終えた様子で、特に時計を気にすることもなく、5分ほど立ち話をしたそうです。ここから推測するに、彼はもう帰るだけで、特に急ぎの用事もないと分かります。思い切って誘ってみたなら、案外ＯＫをもらえた可能性は高いと思いました。

ほかにも、こちらから「今度、食事でも行きたいね」と伝えたところ、彼から「日曜なら空いているよ」と返事が来たというケース。

この場合、彼は会うことにとても前向きだと分かります。こちらからの提案を具体的に考えてくれているからです。それを、ただ単に「誘ってみたらＯＫをもらえた」とだけ思っていては、なかなか進展しません。ここで「もう少し近づいてもいいんだな」と気づくことが大切です。

＊

こうした些細なことから彼の気持ちを察することができると、タイミングを外すことなく、距離をグングン近づけることができます。

観察力に乏しいと、ベストなタイミングを逃してしまうかもしれません。

彼を観察することはとても大切です。あなたの観察力に磨きをかけましょう。

彼の本音を引き出す「質問力」

彼に何か聞かれたり、重要なことを言われたとき。つい「気の利いたことを答えなくては」「どう答えたら復縁に近づくだろう」という思いが頭を駆け巡り、答えに詰まってしまいますね。

例えば、もし彼に「オレのこと、まだ好き?」と聞かれたら、何と答えますか? 「もうそんな気はないよ」と答えるか、「友達として好きだよ」と答えるか、つい素直に「うん、まだ好き」と答えてしまうか——。

どう答えたとしても、あとであなたは「あの答えでよかったのだろうか……」と思い悩むでしょう。でも、悩んだところで、どの答えが正しいのかは分かりませんね。

＊

そこで少し視点を変えて、「彼はなぜそんな質問をしたのか?」を考えてみましょう。

単純に、あなたの気持ちがバレバレで、未練を引きずらないようにくぎを刺そうと思ったのか。それとも、あなたのことが彼も気になっていて、やり直せるかどうか知りたかったのか。

もし前者であれば、「もうそんな気はないよ」と答えたほうが、彼も安心してあなたと接してくれるでしょう。後者であれば「そんな気はないよ」と答えてしまうと、もしかしたら復縁も考えていたかもしれない彼が、引いてしまう可能性もあります。そうなっては困りものですね。

このように、質問に答えるときには、なぜそんなことを聞くのか、質問の本意を考えるようにすると、その場に適した答えができると思います。

＊

ここで鍵になってくるのが「質問力」です。

人は、何か質問されたら必ず答えなくてはならないと思っています。しかし実は、必ずしも答える必要はないのです。答えるかわりに、質問した相手の気持ちを確認していけば、相手は自分で答えにたどり着くからです。

例えば、「Ａだと思う？」と聞かれたら、「あなたはＡだと思うの？」と問い返します。すると、質問されたら答えなくてはならないと思っている相手は、「そうね。Ａだと思う」などと答えるでしょう。そのうえで、あなたは「私もAだと思う」と答えます。

同じ意見になることで、相手はあなたに共感してくれるでしょう。

＊

もしあなたが、復縁のターニングポイントとも言えるところで、なるべく失敗したくないと思うなら、質問力を磨きましょう。

分からないときにはむやみに答えない。臆することなく、彼に質問をする。これができれば、復縁には大変な強みになります。

では、質問力を磨くためにはどうすればいいかというと、実は、質問に対してあなたが正直に答えるその前に、彼にきちんと質問の意図を聞けばよいだけなのです。

例えば、別れたあとも友達関係にあり連絡もよく取っている彼に、「今の状態であまり連絡を取りすぎるのもどうかと思うんだ」と言われたら。あなたはつい慌てて、「そうね。ごめんなさいね。今後は気をつけるね」と返してしまいませんか？

もしかしたら、彼は何か思うところがあったのかもしれません。「今の状態で連絡を取るのはよくないから、もっといい関係になろう」という意味だったのかもしれません。

しかし、あっさり引いてしまったあとでは、彼の本音はもう分かりませんね。「あれはどういう意味だったのか」と、あとであなたは悶々と考えるでしょう。

それなら、聞かれたそのときに、「なぜ？」と問い返してしまえばよいのです。

＊

では、冒頭の例のように、彼が「まだオレのこと好き？」と聞いてきたら。

「そうねぇ、あなたは？」とか、「え、何で？」と問い返します。

そこで彼が、「いや、何となく気になっているから……」と照れくさそうに言うのであれば、「そっか。実は私も」と飛びきりの笑顔を見せれば、そのまま復縁でしょう。

反対に「もし誤解させていたら悪いと思って……」と彼が言うようであれば、「あはは。心配させてゴメン。もう何とも思ってないよ」と笑えば、彼も安心するでしょう。

＊

なぜそんなことを聞くのか分からないときは、直接彼に聞いてしまったほうが確実です。

勘違いしないでいただきたいのですが、正直が悪いというわけではないのです。

ただ、彼の質問の意図が分かれば、あなたにとって有利な答えをすることもできますよね。彼の求める答えを与えたほうが、今後の展開もスムーズでしょう。

ここぞ！というときには、彼の質問に正直に答えるのではなく、まずはその真意を確かめたうえで慎重に返事をしてみる。覚えておくと便利だと思います。

イエスかノーか二者択一が復縁を妨げる

前項で彼の質問に対する答え方についてお話ししましたが、今度はあなたから彼に答えを求めるシーンについて見ていきましょう。

復縁が進んでくると、「今度会わない？」「遊びに行かない？」「もう一度やり直さない？」など、彼に何らかの答えをもらいたいと思う局面が増えてきます。

こんなときに、何とかして彼に「YES」を言わせたくなりませんか？

女性の傾向として、NOの理由を全てつぶしてYESと答えざるを得ない状況へ持っていきたがります。例えばこんな感じです。

＊

あなた「今度の日曜日に、よかったら食事でもどう？」

彼　「そうだなあ……」

あなた「何か用事があるの？」
彼　「いや、特に急ぎの用事はないけど……」
あなた「じゃ、行こうよ！」
彼　「う〜ん……」
あなた「何で？　別に何もないんでしょ？　ならいいじゃん」
彼　「そうだなあ……」
あなた「じゃ、決まりね！」

＊

無理やりＯＫさせられた彼には、何となくすっきりしない感情が残ります。あなたのことも、「やっぱり面倒だな。こいつ」などと思ってしまうでしょう。

ＯＫはもらえても、これでは逆効果ですね。

＊

こんなときのとっておきの解決策、それは「待つ」ことです。

ただ待つのではありません。２つのポイントを押さえて「待つ」のです。そのポイントとは、
①決定権を彼に委ねる

②彼にメリットがあることを付け加える

例えば、先ほどの会話で見てみましょう。

＊

あなた「今度の日曜日に、よかったら食事でもどう？」

彼　「そうだなあ……」

あなた「とてもおいしいお店を発見したけど、空いていたらでいいよ」（①）

彼　「まぁ、特に用事はないけど」

あなた「じゃ、また近くなったら考えてみて」（①）

彼　「うん、分かった」

あなた「この前、友達と行ったんだけど、そのお店はとにかく地鶏がおいしくて！」

（②）

彼　「へぇ～」

＊

この会話では、しつこく何度もプッシュすることはせず、「空いていたらでいいよ」「近くなったら考えてみて」と彼に決定権を委ねています。

これには勇気が必要です。自信がないとなかなかできません。

裏を返せば、彼にはあなたが自信があるように見えるのです。焦って必死になっている誘いよりも、余裕と自信にあふれている誘いのほうが、彼もＯＫをしやすいと思います。

さらに、ただ誘うだけではなく、「地鶏がおいしい」という情報を付け加えることで、「行くと楽しそう」という印象を与えています。彼も、行ってみようかなという気持ちが強まるでしょう。

＊

「どちらか今すぐ選んで！」と言うよりも、一歩下がって「決めてくれていいですよ」という潔さが、いい結果につながるのだと思います。

ついつい焦って答えを求めがちな方、勇気を出して決定権を彼に委ねてください。

気持ちのよいほめ方、媚びているほめ方

よく私は、相手をほめること、ねぎらうことをおすすめしています。

ただ、むやみに、ほめたりねぎらったりすればいいというものではありません。一つ間違えると、媚《こ》びている印象を与えてしまうので注意が必要です。

媚びている印象になってしまうのには、ある共通点があります。それは、「最初に送るメールで、思い込みでほめたりねぎらったりしている」ということ。例えば、

「お元気ですか？　仕事を頑張っていますか？　あなたのことだから、きっと毎日頑張っていると思います。さすがだなあと今さらながら思います」

というメール。何となく相手に擦り寄っているように感じませんか？　これが「思い込みでほめたりねぎらったりしている」ということなのです。

彼に「頑張っていますか？」と聞きつつ、「きっと頑張っていると思います」と答え

を自分で出してしまっています。さらに、自分で勝手に出した答えから、彼をほめています。彼からすると、少々一方的に感じます。このため、何となく擦り寄っている感じになるのです。

あなたも、「君は頑張り屋さんだから……」などというメールがいきなり届いたら、「知ったふうに言わないで」と思うでしょう。あまり彼のことを知っている、分かっている、という印象を与えるメールは考えものです。

前にも述べましたが、大切なのは言葉の「キャッチボール」です。ほめるのであれば、彼のアクションに対して、彼の返信に対してとルールを決めておくとよいでしょう。彼のアクションに対してほめるのであれば、彼も素直に嬉しく感じると思います。

例えば、内容は何でもいいのですが、最初に当たり障りのないメールを送ります。

＊

あなたのメール「元気？　最近暑いね。私の部屋は夏はムシムシするんだけど、PCは壊れないのかな？」

彼からのメール「元気だよ。PCは熱に弱いからね。熱のこもらない場所に置くか、PCを使うときはなるべくエアコンをつけるといいよ」

あなたのメール「ありがとう。なるほど、さすが詳しいね！　参考にして気をつけます。小さい扇風機みたいなのがあれば役に立つのかな?」

このように彼からの反応に対してほめるのであれば、わざとらしくはありません。

彼をねぎらう場合も同様です。

あなたのメール「この前○○へ行ってきたよ! いいところだね。あなたも今度行ってみるといいよ。最近ちゃんと休めてる?」

彼からのメール「あまり休みはないかな。オレも○○行きたいけど。今度時間があったら行ってみようかな」

あなたのメール「そっか。あまり無理しないようにね。あなたは頑張り屋さんだから、つい無理をしてるんじゃないかと。○○は時間のあるときにでも行ってみるといいよ! また感想でも教えて」

これなら、自然なやり取りの中で、彼にねぎらいの気持ちを伝えることができます。

彼への気遣いが不自然になってしまう、ほめ方がわざとらしいと感じている方、ポイントは、勝手に決めつけず、彼の反応に対してほめる、です。覚えておいてくださいね。

「好き！」という本音が本音に聞こえない方法

彼に警戒されないよう、最初は「友達」として近づくのが鉄則です。復縁したいと思っていることを、彼に悟られないようにしなければなりません。

でも本音を隠すことって難しいですよね。彼に未練のないふりをしたほうがいいと分かっているのに、ついつい本音がのどまで出かかることもあるでしょう。

ところが、こういう場合、堂々と冗談にしてしまったほうが、意外と本音に聞こえないということをご存じでしょうか。

少し想像してみてください。あなたが復縁したいと思っている彼が、「実はまだ好きだったりして〜」と笑いながら言ったなら、あなたはどう受け取るでしょう。きっと、嬉しい半面、「冗談でしょ、どうせ」と思うでしょう。

このように、本音を隠そう隠そうとするよりも、あっけらかんと冗談っぽく言ってしまったほうが、彼は気にしないこともあるのです。

これは、例えば、彼に新しい彼女がいるのかどうかを聞きたいときなどにも使えます。彼にすでに彼女がいるのか、どんな人なのか、仲よくしているのか、いろいろ気になりますよね。でも多くの方は、このような恋愛の話はタブーだと思い込んで、なるべく触れないようにするものです。

ですが、ここで思い切って聞いてしまってもいいのです。冗談めかして、「もう新しい人がいたりして！」と明るく聞いてみましょう。案外、彼は笑いながら「いや〜、実はさ……」と話してくれたりします。

なぜなら、こんなふうに軽い冗談のような調子なら、核心に触れても、相手は「なんだ、あまり気にしていないんだな」と思ってくれるからです。こちらが軽く聞くので、彼も軽く答えられるのです。

これが反対に、ドキドキしながら重苦しい雰囲気で「ひょっとして、もう新しい人がいるの……？」などと聞いたら、彼も「何と答えるのが最も傷つけずにすむのか」と迷いながらも真剣に答えるでしょう。空気がどんどん重くなります。

彼を攻撃するような内容でなければ、気軽に聞いてしまったほうが、お互いに楽なことも多いと思います。あまり難しく考えすぎずに、エイッと聞いてみるのも手ですね。

＊

これを応用して、さらに「相手の本音を突いてみる」方法をご紹介しましょう。

例えば、ようやく会って話をする機会ができたとしましょう。お互いに何となく居心地が悪く、以前のようにポンポン会話が弾まないこともあるでしょう。そのようなときに、あなたまで一緒に困ってしまって、「どうしよう、何か楽しい話はないかな？」などと引きつった笑顔で対応しては、ますます暗く重くなってしまいます。

そういう際には、思い切って「あー、空気が重い！　ひょっとして居心地悪いと思ってる？」と突っ込んでしまうのがいいでしょう。すると彼も「あはは、ちょっとね」なんて笑ってくれると思います。

彼も本音を言えてスッキリし、気持ちが楽になります。そこから会話が弾むこともあるでしょう。

＊

復縁がある程度進んできたら、本音は隠し通そうと躍起にならなくてもいいのです。

冗談のようにして堂々と伝えてしまったほうが、自分も相手も気が楽になり、相乗効果を得られることもあります。

「試しに復縁してみる?」の効果

「本音が本音に聞こえない方法」について、私が日頃使っている「テストクロージング」という手法も役に立つと思うのでご紹介しましょう。実際にご相談者にも提案して功を奏した手法です。

あなたは、復縁したい恋人に「復縁して」と言えますか?

「言えるけど、言ったところで復縁できない」「とても言える雰囲気ではない」「言わないほうがいいんでしょう?」など、いろいろと反論が聞こえてきそうですね。

＊

実は、言ってみることで、彼の本音が見えることもあるのです。

当然、思い詰めた表情で「やり直せないかな?」なんて言ってしまうと、全くその気のない彼であれば、かなり引いてしまいます。せっかく縮めた距離もまた、大きく空いてしまうでしょう。

ただ、以前もお伝えしたように冗談っぽく伝えることで、彼の本音を垣間見ることはできます。例えば、

「まだ好きなのって言ったらどうする？」とか、

「ちょっと会おうよって言ったら、会ってみる？」など。

ポイントは、笑いながら伝えることです。

彼にその気がなければ、「いやいや、その気はないって」などと答えるでしょう。もともと冗談めかして伝えているので、「だよね〜。冗談よ」と笑ってすませれば、雰囲気も悪くなりません。彼に余計な罪悪感を感じさせることもありません。

反対に、彼が「そうなの？　まだ好きなの？」と聞いてきたら、「どうかな〜？　想像にまかせるよ」などと冗談まじりにはぐらかします。そのときの彼の聞き方が、嫌そうでなければ、勇気を出して復縁の意思を伝えるだけで、案外早いうちに復縁は実現できるでしょう。

もし、これを本気で聞いてしまうと、雰囲気は悪くなるうえに、断った彼は「彼女がかわいそうだから、これ以上気を持たせないために距離を置こう」などと思ってしまうでしょう。

これが、「テストクロージング」です。

クロージングとは、こちらの提案に対して相手の決断を促す手法です。テストなので、相手に決断をしてほしいときに、軽く結論を促してみて、相手の反応を探る、というように使います。相手の反応を見つつ、こちらの出方を考えるのです。

ご相談をうかがっていて、多くの方は「彼の気持ちが分からない」と思っています。昔は分かり合えたのに、離れたことで見えなくなったと思っています。

そのようなときは、軽くジャブを放って、彼の気持ちを探ることも大切です。

＊

このあたりでもう一歩親密になれるかな、彼は私のことをどう思っているのかな、と気になるのであれば、テストをしてみるといいでしょう。「会いたいって言ったらどうする?」「やり直そうって言ったらどうする?」と聞いてみてください。あくまでも軽く。間違っても、重苦しくならないように注意してくださいね。本当のクロージングになってしまいます。

テストクロージング。これは使えますよ。

提案するなら「ＯＫ前提」で

だんだんいい雰囲気になってきたのに、あなたの対応一つで、とたんにどんどん悪い方向へ流れてしまうことがあります。

例えば、彼を思い切って誘いたいとき。「そうだねぇ……」と気のない反応が返ってきたとしたら。

「きっと行きたくないんだ」と思ったあなたが、すぐに「あ、無理ならいいんだけど。もしヒマなら」などと腰の引けた返事をしてしまったとします。嫌ではない彼も、あなたに「別にいい」と言われたら、「そっか、じゃまた」と応じるしかありません。これで、しばらく進展は望めなくなります。

同様に、「電話してもいい？」とメールで聞いたのに、彼から返信がなかったら。「電話はダメなのかな」と不安になったあなたは、電話どころかメールも出せなくなり、それきりになってしまったとします。着信に気づいた彼も、特にメッセージも入っていなければ「ま、いいか」と思ってしまい、それで終わってしまうでしょう。

もし、あなたに心当たりがあるのなら、少し「思い切り」を大切にしてみてください。

＊

先ほどの例で言うなら、誘ったときに彼の反応が芳しくなくても、「よし！　じゃあ、和食とイタリアン、どっちが食べたい？」と明るく言い切ってみます。「行きたくないのかな」と考えるのではなく、勢いでもう一歩前に進んでみるのです。

すると、「行くか、行かないか」ではなく、行くことは前提になって、「和食か、イタリアンか」に話が進みます。

同様に、「電話してもいい？」と聞くよりも、時には「○時頃に電話するから、もし都合が悪ければ教えて」とメールをしてみるのです。そうすれば彼も、都合がいいか悪いかくらいは教えてくれるでしょう。もし連絡がなくても、「都合が悪ければ教えて」と伝えてあるので、連絡がない＝ＯＫということになります。

つまりこれも、電話をすることは前提として話を進めることができるのです。

＊

復縁を願うばかりに、「彼に嫌われたくない」という思いが強くなりすぎて、ついつい腰が引けている方も多いと思います。そういう方は、断られることを前提として話を進めてしまっています。

確かに断られることもあるでしょう。先ほど書いた例で必ずOKがもらえるとも限りません。

しかし、「断ってください」と言わんばかりの対応では、前に進むものも進まなくなると思うのです。もう一歩押せばOKがもらえるのに……と悔しく思うケースは少なくありません。

少々強引に感じるかもしれませんが、あっさりと伝えてしまえば、案外、彼は気にしないものです。

＊

これは、雰囲気は悪くはないのだけれど、もう一歩が進まない方におすすめの方法です。現在彼と全く連絡がつかない、かなり嫌われているようだという場合は、この方法は避けてください。

このあたりで思い切って、OKをもらうことを前提として話を進めてみてください。

きっと「こんなに簡単にOKがもらえるものなのか」と驚くことでしょう。

新しい彼女への愛情を冷ます一言

彼にすでに新しい彼女がいるという方もいらっしゃるでしょう。

そのような方は、心の底で新しい恋人を否定しつつも、元彼を非難するわけにもいかず、モヤモヤした気持ちを抱えていることでしょう。ストレスが溜まりますね。

付け入る隙がないほど、新しい彼女との仲がうまくいっているときは、少し我慢です。

ただ、どんなに順調に見える付き合いでも、必ず不安を感じる瞬間があります。

その瞬間をとらえて、タイミングよく伝えることができれば、彼の新しい彼女への気持ちが一気に揺らぐ言葉があります。しかも、あなたの印象も悪くならない魔法の言葉。

それは、

「それって、本当に大切にされているのかな?」

です。例えば

彼　「彼女とはあまり連絡取ってないけど、会ったときには楽しいよ」
あなた「それって、本当に大切にされているのかな？」

＊

彼　「彼女は料理が嫌いだから、外食をよくするよ」
あなた「それって、本当に大切にされているのかな？」

＊

ポイントは、「……かな？」と疑問形にすること。「それって大切にされていないよ」と言い切ってはなりません。彼ははっきり口にしなくても、新しい彼女との間に漠然とした不安を抱えています。ここで「大切にされていない」と言い切ってしまうと、彼には「そんなことはない！」と反発心が生まれてしまいます。

さらに、「大切にされているのかな？」と疑問を投げかけたあとで、「まさかね。仲よさそうだもんね。ゴメンゴメン」と否定をすると、不安はますます大きくなります。新しい彼女のことを、あなたの視点で見るようになります。漠然とした不安は、次第に「本当に大切に思われていないかも」というはっきりした不満へと変化していきます。

あなたは、何もしなくていいのです。一石を投じて、あとは彼の気持ちが変化していくのを静かに見守りましょう。

ただし、このように一石を投じるにも、そこまでのステップをきちんと踏んでいないと、ただの嫌味な人になってしまいます。まずは、彼があなたに今の彼女について語ってくれるような間柄を築くことが大切です。

＊

このように書くと、「でも、こんなことを言って余計に怒らせたりしませんか？」と不安に思う方もいるでしょう。そのような方は、次のように、彼の気持ちを一度楽にしてあげたうえで、「自分ならこう思う」と柔らかく伝えてみるといいでしょう。

「なるほどね。これこれこうだから、きっと大丈夫だよ。でも私なら大切にされているのかなって不安になるかも。まだまだ私も修業不足だね（笑）」

いずれにせよ、彼に新しい彼女がいる場合、その彼女への気持ちが離れていかなければ、振り向いてもらえません。今の彼女への気持ちをグラつかせ、「気がつけばあなたが一番だった」という状況を作るには、ただ待っているだけでは難しいでしょう。かといって、積極的に動くのも危険です。

このバランスをうまく取りながら、彼の気持ちをあなたへ向けていってくだされば、と思います。

復縁のチャンスを逃さない

復縁をスムーズに進めたいと思うのであれば、チャンスを確実につかんでいくことが大切です。というのも、チャンスを逃している、もしくはチャンスに気づいてすらいない方が少なくないからです。

例えば、先日のご相談にこんな内容がありました。

「元彼が仕事の不満をこぼしてきました。私は元気になってほしくて一生懸命励ましましたが、彼はあまり元気になってくれませんでした。どんな言葉をかければよかったのでしょうか？」

彼女の気持ち、とてもよく分かります。何とかして大好きな彼の力になりたい、と頑張ったのでしょう。

ただ、残念ながら、このとき彼女はチャンスを一つ逃してしまいました。あなたは気づきましたか？

まず、彼は彼女に仕事の不満をこぼしているくらいですから、彼女に対して嫌悪感は持っていません。気心の知れた間柄と好意的に思っているのでしょう。

そして、彼がこのとき求めていたのは、親身になって話を聞いてくれる相手だと思うのです。ただ元気づけてほしかっただけであれば、彼女が励ました時点で彼は満足し、「ありがとう」という態度を示したでしょう。ところが実際は、彼女が励ましても、彼はあまり元気になりませんでした。

このとき、彼女が「そうか、あなたも大変ね。それで？」という感じで話を聞いてあげたなら、彼はきっと日頃の不満をもっと話したことでしょう。そうすれば、彼の状況もいろいろと分かりますし、彼も「やっぱり気軽に話せるからいいな」と思ったことでしょう。

彼は「一歩踏み込んできていいよ」というサインを出していたのです。

＊

「こうするほうがいいと思ったからする」のではなく、「相手がこうしてほしいだろうからする」という発想が大切です。彼のＧＯサインを見逃すことなく、チャンスにしていき、あなたの復縁がどんどん前に進むことを願っています。

復縁を伝えるタイミング

ここまで、別れても大好きな彼に、もう一度振り向いてもらう方法、またあなたを好きになってもらう方法について、いろいろとご紹介してきました。あなたの努力が実を結び、彼との距離もどんどん縮まってきているのではないでしょうか？

ここまでくると、はっきりと「復縁」を口に出さなくても、もう事実上復縁しているとしか思えないケースもあります。

先日もこんなご相談がありました。

＊

今はほぼ毎日、彼から電話やメールが来ます。電話ではかなり盛り上がって、つい長くなってしまいます。そして最後にはいつも「話せて楽しかった。またね」と言ってくれます。電話を切るときは、少し寂しそうにも感じます。

でも、彼は特に何かを話したいというわけではなく、こちらが必死に盛り上げようとしても「眠い〜」などと言うのです。「じゃ、寝たら？」と言うと、「もう少し話したい」と言います。彼の気持ちがよく分かりません。

＊

ご相談者は真剣に「彼の気持ちが分からない」と悩んでいますが、何だか、恋人同士のやり取りを見ているようですね。ほかにも、復縁しているに等しいのに、「告白をされていないから付き合っていない」と考える方もいました。

私は、あえて言葉は必要ないと考えています。お互いがお互いを好きと感じられればよいのではないかと。彼を愛している、彼の愛情を感じる、本来はそれで十分判断できると思います。

でも、「やっぱりきちんと言葉で確認したい」「彼の気持ちを聞きたい」という方もいらっしゃるでしょう。そんなときは、思い切ってあなたから聞いてみてください。

「私は○○の彼女になれたのかな？」と。

「これって付き合ってるってことだよね？」と。

＊

伝えるタイミングの目安としては、彼が次の項目に当てはまるかどうかです。

・彼からもよく連絡が来る
・あなたと会うことに抵抗はないようだ
・あなた自身のことをよく質問してくる
・あなたによく冗談を言う
・プライベートの話、仕事の話をする
・現在、彼には恋人がいない。もしくは恋人とうまくいっていない

＊

もし、これらのほとんどに当てはまるなら、もう心配はありません。二人の関係はかなり改善されてきています。

仮に彼の答えが「ＮＯ」だったとしても、また一から始める必要はないでしょう。彼は決してあなたが嫌いなわけではありません。「もう少し時間が必要」とか、「今は忙しい時期だから」など、何か理由があるのです。

＊

復縁を伝えるタイミングが来たなら、直感を信じ、勇気を出して、思い切って伝えてみてください。

大丈夫ですよ。自信を持って。

第6章

ケースごとの復縁方法教えます

彼の性格別に見る復縁方法

この章では、彼のタイプや別れのケース別に、時に事例を交えながら、具体的な復縁について見ていきたいと思います。

まず初めに「彼の性格別復縁方法」です。彼の性格タイプを、「お父さんタイプ」「甘えん坊タイプ」「オレ様タイプ」の大きく3つに分けて考えてみましょう。

あなたの彼はどのタイプでしょうか？　一概には分けられないと思いますが、どの要素が最も強いかという点でご覧ください。

＊

①お父さんタイプ

主な別れの原因：彼に「結婚はできない」「頼りなさすぎる」と言われた。

特徴：とても世話を焼く。いろいろとアドバイスをしてくれる。

長所：包容力がある。穏やかで話をきちんと聞いてくれる。
短所：正論を淡々と語って容赦しない。

＊

このタイプとの別れの理由には、結婚の話も出ていたのに、彼の優しさに甘えすぎて頼りすぎた結果、見限られたというものが多いようです。

このタイプと復縁を考えるのであれば、あなたが社会的に自立し、何事も自分で決めていくことのできる女性になることが大切です。そして、彼が何かアドバイスをしてくれたら、きちんと感謝の気持ちを伝えましょう。

また、基本的に硬派で冷静な方が多いので、連絡を取りすぎないよう、連絡をする間隔にも気をつけましょう。

＊

②甘えん坊タイプ
主な別れの原因：あなたのワガママに彼が疲れてしまった。
特徴：とても優しく大切にしてくれるが、気まぐれな部分もある。
長所：尽くしてくれるので付き合いが楽。可愛い。
短所：妙なプライドはしっかり持っている。彼自身は意外と甘えを見せない。

このタイプの男性は、女性の母性本能をくすぐる方が多いので、ほかに好きな人ができて別れたというケースが多いです。また、彼の優しさに安心してあなたがワガママになりすぎ、別れたというケースも多いように思います。

このタイプはよく話をする男性が多いので、まずは彼の話をじっくり聞いてあげて、ほめたり同調したりすることが大切です。

意外とプライドが高いので、笑ってしまうと、プライドが傷ついて、いじけてしまいます。この地雷を踏んだケースでの別れも多いのです。彼を持ち上げてあげると、心地よく感じると思います。

③オレ様タイプ

主な別れの原因：言葉では伝えない彼に不安がつのり、彼を責めてしまった。
特徴：グイグイ引っ張るタイプ。見かけほど自信にあふれてはいない。
長所：頼りがいがある。波風が立っては収まり、飽きが来ない。
短所：合わせ続けることを要求する。自分のことを棚に上げる。

男気のあふれる方が多いのですが、あまのじゃくという性質を併せ持つ方も多く、いかんせん素直ではありません。

復縁の際に一番困るのは、彼のあまのじゃくな言葉に振り回されること。そうならないように、彼の言うことは「言葉半分」に受け止め、笑って流せる余裕を持ちましょう。

何かお願いをしても、「えー！　面倒くさいな」が最初に来るでしょう。しかし、それは彼なりの「ＯＫ」と思ったほうがよいのです。「面倒くさいけどやってあげるよ」という意味です。

ですから、ここで引くことなく頼る姿勢を見せると、心の中では喜んでくれるでしょう。

彼が忙しすぎるケース

復縁をしたいけれど、彼が多忙で、なかなか連絡が取れないというご相談をよくいただきます。

これまでは、忙しいというのは連絡を避けるための大義名分だと思っていましたが、最近の傾向として、本当に忙しくて恋愛どころではないという方が多いようです。

この状況で「どうやったら振り向いてくれるのか……」と延々と悩むのは無粋というものです。彼は恋愛どころではないのですから。

では、復縁は無理なのかというと、実はそうでもないと思います。

＊

そもそも、本当に忙しくて恋愛どころではないのであれば、最初からあなたともお付き合いをしていないでしょう。

彼が「付き合いを続けられない」という結論に至るには、「忙しくて相手ができない」に加えて、ほかにも理由があったはずです。

「忙しいことを理解してくれなかった」「愛情をいつも疑われていた」、もしくは、忙しさから疎遠になり、付き合っている感覚がなくなってしまって自然消滅してしまった、などが考えられます。

このような場合は、彼が「付き合う」ということに対してウンザリしている可能性が高いでしょう。あなたとお付き合いをしたことで、「自分は今、恋愛をする時期ではない」と思ってしまったのです。もともと淡白で恋愛に向かないタイプというわけではなく、今はお付き合いに懲り懲りしている状態ではないかと思います。

あなたのことを嫌いというわけではなく、あなただから付き合いたくないというわけでもありません。

＊

あなたとのお付き合いの最中に、恋愛に疲れてしまったのです。

このようなケースでは、復縁をしようと躍起になってはいけません。

彼は疲れ切っているのですから、ここで恋愛の匂いを漂わせてしまうと、たちまち距離を置こうとするでしょう。あなたのことを嫌いではないので、「期待には応えられない。これ以上傷つけるのは申し訳ない」と思うからです。

まずは、すっかり疲れてしまった彼を癒やしてあげることから始めましょう。

彼もあなたと接する中で、心地よさ、安らぎを感じることができれば、徐々に「恋愛は疲れることではなく、癒やされることだ」ということを思い出してくれると思います。

彼と会うときはいつも気を張って、目いっぱいのオシャレをし、高価なレストランで食事する。こんなドラマに出てくるようなデートプランを立てていては、彼は気が休まらないですよね。安らぎどころか、余計に疲れてしまうでしょう。

例えば、オシャレはちょっとしたところだけにする、メイクに力を入れるよりも素肌を磨く、食事をするならのんびりできる店を選ぶなど、気を抜く部分を大切にするとうまくいくと思います。

あなた自身の雰囲気も大切です。明るく振る舞うのはいいことですが、必要以上にハイテンションでは、彼は余計に疲れてしまうでしょう。笑顔を絶やさず、穏やかに彼の話を聞いてあげるように心がけましょう。

彼が忙しくて、会うところまでなかなかこぎ着けないという方は、無理に会う必要はありません。返事があろうとなかろうと、彼がホッと安らげるようなメールを少しずつ送りましょう。

こうして、別れたときに彼が感じていた「あなたといると疲れる」という印象から、「あなたといると安らぐ」という印象へ徐々に変えていくことが大切です。決して難しいことではありません。焦らず穏やかに対応していけばいいのです。

本来なら、多忙なときほど、恋人と過ごすことで安らぎを感じられるものです。その安らぎが持てなかったことで、別れを選択したのですから、彼にとってあなたは疲れる存在であったと思うのです。

自分を変えることはなかなかできないと思うかもしれませんが、安らげる存在であることは、何よりも強みになります。

まずは、ホッとする雰囲気作りを心がけてみてください。それだけでも復縁に近づくと思います。

別れたのに体の関係はあるケース

別れたあとも何となくずるずると体の関係が続いている、またはふとしたきっかけで体の関係を持ってしまったがそれ以上ではない――そんな都合のいい関係になってしまう方は意外と多いものです。

実は、このケースの復縁はそれほど難しくはありません。特に嫌われて別れたわけではないし、避けられているわけでもなく、コンタクトも取りやすいからです。

このケースでの復縁は、「このまま進展がないのでは?」「いつか捨てられるのでは?」という不安を彼にぶつけずにどれだけ我慢できるか、そしてその間にあなたが彼にとって再び手放せない女性になる努力を続けられるか、が大切になってきます。

具体的な相談事例で見てみましょう。

◆Yさん（32歳）のケース

Yさんは、「ほかに好きな人ができたから」という理由で、2年間お付き合いをした彼に別れを告げられました。別れてしばらくは、彼を吹っ切ろうと連絡も取らず、新しい恋愛のためにほかの男性と遊びに行くなどしていました。

しかし、3カ月ほどたった頃、彼から突然電話があり、遊びに行こうと誘われました。Yさんは喜びのあまり手が震え、「やっぱり彼がいい」と思ったそうです。

会って近況を報告する中で、彼には彼女がいることが分かりましたが、ただ別れを考えているようでした。

Yさんはつい、彼と体の関係を持ってしまいました。しかし、「やり直せないかな？」と言うYさんに対して、彼の答えはNOでした。

「しばらく彼女はいらないから。よければ、これからも遊んだりしようよ」

という返事だったのです。

Yさんはそんな関係は嫌だったのですが、断れば二度と会えないかもしれないと思い、OKをしました。

そして、それでも本命の彼女になりたいと思い、ご相談をくださったのです。

お話をうかがって、彼はプライドが高いと感じました。

こういうタイプに対して、体の関係を拒むことはタブーです。ですから、なるべくそういう雰囲気にならないよう、会うときにはお互いの部屋やホテルには行かない、彼の車には乗らないなどを心がけてもらいました。

そのうえで、どうしても関係を持たざるを得ないときには、情熱的に振る舞うことをアドバイスしました。彼が興奮するように努め、楽しんで受け入れているふりをしてもらったのです。

これらに気をつけることによって、彼に面白い効果が生まれます。

まず、体の関係をじらされることで、衝動的にYさんと無理やりそのようなシチュエーションを作ろうとします。それが実現したときには、Yさんが情熱的に振る舞うので、彼はかなりの満足感を得ます。

この繰り返しで、彼はYさんを手放せなくなってくるのです。気楽に会うことができるうえに、気持ちよく楽しめる。この関係が、彼にとってだんだん魅力的になっていきます。

＊

次に、彼とデートをする際には、会話の端々で彼をほめちぎることをアドバイスしました。彼の意見に同調し、いつも彼の味方でいてあげるのです。

さらに、彼は寂しがり屋で女性に不安を持っているようでしたので、明るく好意を伝えることをアドバイスしました。「○○はカッコいいね！」「やっぱり好きだなあ」などときちんと言葉で伝えます。

Yさんが自分を満足させてくれないと分かると、彼は次を探そうとするかもしれません。でも、普段から彼への好意を言葉にしていれば、彼は「自分は愛されている」と分かります。安心して好きになっていい存在だと受け止めてもらえます。

時間をかけてこれらを実行していくことで、徐々にYさんが彼と会う頻度は高くなっていきました。

そして見事、彼を取り戻すことに成功しました。

＊

都合のいい関係は、つらいばかりではありません。別れてなお離れられないほど、あなたに気持ちがある、もしくはあなたが必要なのです。

あなたは、復縁にとても近いところにいます。彼の気持ちを上手につかんで、彼がもう一度あなたに恋をするように向ければ、きっと成功すると思います。

彼がたくさん恋愛をしたがっているケース

はっきりした理由があって別れたのであれば、まだ改善し復縁する手段も明確になるのですが、どうも嫌われたわけではないようだ……という場合もあります。彼に特定の好きな女性がいるわけでもなく、あなたを避けるわけでもなく、彼が何を考えているのかよく分からない……。

20代前半のご相談者に多いのですが、あなたを嫌いになったのではなく、単純にもっとたくさんの異性を見たい、恋愛をしてみたい、という理由から別れに至ったケースです。

このようなケースでは、少し視点を変え、彼が一体何を求めているのか考えてみましょう。

まず、彼が今求めているものは、次のどれかになると思います。

①恋する気持ち、ドキドキ感を味わいたい
②付き合いの経験を増やしたい
③責任のない気軽な恋愛をしたい

さて、あなたの彼はどれでしょうか？　では、順に見てみましょう。

＊

①恋する気持ち、ドキドキ感を味わいたい

この場合、別れの原因の多くはマンネリです。

いつも同じデート、いつも同じ会話。あなた自身も、慣れから彼に対してドキドキ感を失っていたのではないでしょうか。「刺激的な恋愛をしたい」と彼が思ったとしても仕方ありません。

ですから、彼に新鮮味を与えれば、気持ちがググッとあなたに戻ってくる可能性は高いでしょう。

＊

②付き合いの経験を増やしたい

この場合、彼の周囲に、モテるタイプや遊び人の友人がいることが多いようです。そういった友人から刺激を受けて、自分も自由に遊びたい、話についていけるようにたくさんの女性と恋愛をしたい、という気持ちが膨らんでいるのです。

あなたと別れたあと、彼は頑張って異性の友達を増やしていこうとするでしょう。しかし、根が真面目なため徐々に疲れてきます。そんなことをしても虚しいだけ、ということに気づく日が必ず来ます。

ですから、手のひらの上で転がすつもりで、しばらく彼を自由にさせてあげてください。彼がフラフラしていることには目をつぶっておきましょう。心配しなくても、いつかきっと戻ってきます。

それでも、少しでも早く復縁をしたいと思うなら、まずはあなたが魅力的になること。周囲があなたの存在を知ったときに、「カワイイじゃん」「すごくいい子だね」といった反応をしてくれれば、彼は満足する可能性が高いです。

あなた次第で、彼はほどなく戻ってくるでしょう。

＊

③責任のない気軽な恋愛をしたい

この場合、おそらく、あなた自身も、彼に多くを求めすぎたと反省しているのではないでしょうか。

彼はあなたの期待に応えることに疲れてしまい、もう放っておいてくれという気持ちになった可能性が高いと思われます。それならば、真剣なお付き合いをせず、気楽な関係の女性がいればいいと考えているのでしょう。

このような彼との復縁を考えるのであれば、まずは気楽に接していくことが大切になってきます。一過性の場合が多いので、あなたが彼を追い詰めない限りは、また楽しくお付き合いできるでしょう。

＊

どのタイプの彼の場合でも、一番大切なのは、「復縁したいの！」と迫って、彼を追い詰めないことです。初めは気楽で自由なお付き合いかもしれませんが、徐々に彼も真剣にお付き合いを始めてくれることでしょう。

もし、今彼がフラフラしていて、自分の気持ちと温度差を強く感じるのであれば、彼と同じ温度差のふりをしてください。

絶対的に有利なのは、彼はあなたのことも好きだということ。決して、嫌いなわけでも、許せない部分があるわけでもありません。比較的コンタクトも取りやすいですし、気持ちを変えていく段階を踏みやすいケースだと思います。

出会い系サイトや合コンで始まったケース

私が担当したご相談の中には、出会い系サイトや結婚紹介所、お見合いパーティーなどがきっかけでお付き合いが始まったという方もいました。

友達として知り合い、ジワジワと近づいて始まったお付き合いではなく、いきなり恋人になることを前提にスタートしたお付き合いです。彼と知り合ってからの期間は短く、お付き合いでもお互いのことをよく知らないうちに別れてしまったケースが多いのが特徴です。

ほかにも、友人の紹介や合コンで意気投合して始まったお付き合いなども当てはまるでしょう。

＊

このケースの場合、復縁に向けて不安に感じることは、友達の期間がなかったのでどう接すればいいのか分からない、彼に「今さら友達にはなれないよ」と言われた、などでしょう。

また、交際期間が短いため、「彼は遊びだったのだろうか？」という疑念も拭い切れないと思います。

これについては、残念ながら、私から見ても遊びではないとは言い切れません。遊びだった可能性もありますし、お互いに打ち解ける前に息苦しくなって別れたという可能性もあります。単に、彼が気の短い方だったのかもしれません。

いずれにせよ、お互いの魅力を十分に知り得る前に別れてしまったという状況です。

では、この際に復縁を望むのであれば、どうすればよいのでしょうか？

＊

まず、最も大切なのは「深追いをしない」ということです。

お付き合いが長いのであれば、ある程度、彼にも情があると思うのですが、交際期間が短い場合は、あまり情がありません。スパッと切り替えたほうがいいでしょう。

今すぐ深追いをやめてほしい理由はほかにもあります。

合コンや友人の紹介で知り合ったのであれば、接点も多少あると思うのですが、出会い系サイトや結婚相談所などになると、別れた時点で彼との接点は断たれます。ですから、彼と直接コンタクトを取れるように、連絡手段を確保しておかなくてはなりません。しつこくすがって、彼に連絡先を変えられてしまったり、音信不通になってしまっては、次の手が打ちにくくなります。

そうならないように、特に引き際をよくしておく必要があるのです。

＊

引き際を潔くしたうえで、次はどうすればいいのでしょうか？

お互いのことをよく知らないうちに別れたということで、お互いの魅力をまだ理解していない状況だと思います。そこで、少しずつですが、あなたの魅力を彼に気づかせていくことが大事です。

間違えないでくださいね。「少しずつ」です。これを一気に行おうと、盛りだくさんにしてはいけません。少しずつ「あ、こんな人だったのか」と思ってもらう。ここがポイントです。

そのためには接点が必要です。接点を増やすために、例えば、お互いの友人を交えて食事に行くとか、何かイベントを企画するのもいいでしょう。口実は、「お互いの新しい恋のために交友関係を広げよう！」などいかがでしょうか。

そもそも、出会い系サイトや合コンなどで恋人を探している時点で、周囲に魅力的な方がいない、もしくは出会いを求めているということですよね。あなたを介して出会いが増えることに抵抗を示さない方も多いと思います。

大切なことは、接点をなくさないこと、ないなら増やすこと、そして、伝え切れなかったあなたの魅力を「少しずつ」出して、再度興味を持ってもらうこと、です。

＊

不安はいろいろあると思いますが、不安の数以上に、打開策もあります。

交際期間の短いカップルは、まだまだこれからです！

あなたと彼の恋愛は、今からがスタートだと思って、ぜひ頑張ってください。

彼にすでに新しい彼女がいるケース

別れたのち彼に新しく彼女ができた――そんな状態は復縁には不利だと思ってしまいがちですが、そんなことはありません。むしろラッキーといえるのです。

なぜなら、彼に恋愛をする準備ができているからです。あなたと別れて恋愛に懲り懲りと思っているのではなく、恋愛がＯＫな状態なのです。あとは、彼の気持ちをあなたに向けるだけ。どうぞ引け目を感じずに、前向きに取り組んでくださいね。

ここでは、新しい彼女から彼を取り戻したケースをご紹介します。

＊

◆Ｈさん（28歳）のケース

Ｈさんは、３歳年下の彼とお付き合いしていました。

順調なお付き合いだったのですが、一つだけ不満がありました。彼は元カノとずっと連絡を取り続けていたのです。Hさんは嫌だったのですが、年下の彼にそんな器の小さいことを言うのは間違えていると思い、何も言えずにいました。

そして半年が過ぎ、Hさんは彼に別れを告げられました。元カノに言い寄られ、お付き合いをすることにしたというのです。

話を聞いて私は彼のことを、「流されやすいタイプ」であり、同時に「復縁に違和感は持たないタイプ」と思いました。復縁するには有利な条件です。

しかし、彼の中の優先順位は、彼女が上でHさんは下です。これを変えていかなければなりません。Hさん自身に変わってもらい、彼にHさんの存在を強く意識させる必要があると思いました。

まずは、気楽に彼にコンタクトを取ってもらうことから始めました。流されやすい彼ですから、彼女とのお付き合いに支障のない程度に、仲よくメールのやり取りが始まりました。

そして、今の彼女は彼を振り回すタイプのようでしたから、疲れた彼をHさんが癒やしていくという関係を作りました。

しかし、ただ癒やすだけでは彼が甘えて終わりです。そこからトキメキを生んでいかなければ、彼女に振り回されている彼の心は彼女から離れてはいきません。

そこで次の段階として、彼に対して少し冷たい態度を取ってもらうようにしました。彼との約束を断ったり、彼のことを後回しにするなど、これまでの彼優先の対応を少し変えてもらったのです。

これまでは彼が望むときにいつでも話ができたのに、断られることが多くなったことで、彼はだんだんつらくなってきます。久しぶりにゆっくり話ができたときには、彼は「Hさんと話ができて嬉しい」と思うようになっていました。

そして彼の中で「Hさんと話がしたい」という欲求が徐々に大きくなっていき、それを「実はHさんが好きなのかな」と錯覚し始めたのです。

そのうち、彼からメールもたくさん来るようになりました。

＊

ここまで機が熟したところで、彼に告白をしてもらうことにしました。

今の彼女も気になっている彼は、すぐにはＯＫしないでしょう。ただ彼の中で、Ｈさんと今の彼女のどちらの存在が大きいか、それを明らかにしてもらうことが重要でした。

ですから、気持ちを伝えたあとも、無理に返事を迫ったりせず、待つようにとお伝えしました。彼から連絡がないことでＨさんは不安になりましたが、彼に考える時間を与えたほうがいいと思い、あえて連絡をしないでもらいました。

しばらくして、彼から何もなかったように連絡が入りました。悩んだあとに連絡をくれるということは、彼の中でHさんを切れないということです。

しばらくして、案の定、彼はHさんに「復縁をしたい」と言ってきたのです。

このケースから学ぶことは、押しっぱなしにしないということです。押しの一手ではなく、押したあとで少しその手を緩め、相手が引かないようであればもう一度押す。

こうしたやり取りで、たとえ彼女がいても彼はまた戻ってくるのです。

＊

確かに、彼には新しい恋人がいます。しかし、あなたにも、かつて彼に愛された事実があるのです。あなただって、彼に愛されるだけの魅力は十分持っているのです。その余裕を持って接することで、彼はあなたとの連絡に安らぎを覚えるでしょう。

今の彼女とのお付き合いは刺激的でしょうが、それは同時に疲れることでもあります。その分、あなたとは「なんか落ち着くな」「やっぱり楽しいな」と思ってもらえる可能性が高いのです。

この気持ちが、いきなり恋には発展しないかもしれません。でも、彼に居心地いいなと感じてもらうことができれば、今の彼女と仲違いをしたときに、彼の心に最初に浮かぶのはあなたでしょう。

別れてから かなり時間がたっているケース

別れて時間がたっていると、復縁には不利なのでしょうか？「今さらなあ」と二の足を踏んでいる方もいることと思います。

実は、復縁という観点から考えると、時間がたっているほうがいい場合もあります。時間がたっていると、その分お互いに冷静になれますし、フラット（＝ゼロ）な関係でやり直しがきくというい点があるからです。

もしあなたが「今さらなあ」と思いつつ本書を参考にしているのであれば、ぜひ諦めず踏み込んでみてください。案外、復縁までは早いかもしれません。

ここでは、そんな「別れて時間がたっているケースの復縁」について、実例をもとにお話ししましょう。

◆Nさん（29歳）のケース

Nさんと彼は2年前に別れました。

お互いに「別れても友達だよ。連絡くらいは取ろうね」と言っていたのですが、徐々に疎遠になっていきました。

別れた直後こそ、荷物のことなどで時々連絡を取っていたものの、落ち着くと何となく連絡しそびれ、そのまま1年がたちました。その間、Nさんは新しい恋を探そうと積極的に動いていたので、さほど彼のことを引きずることもありませんでした。

そんな頃、彼の誕生日がやってきて、ふと思い出し、彼にメールを送りました。すると、彼からも「元気だよ。ありがとうね！」と普通にメールが返ってきました。そこから、時々またメールのやり取りが始まりました。

やり取りが再開したことで、Nさんの中に「また付き合いたいな」という気持ちが徐々に膨らんでいきました。

そんな中、Nさんの親友に不幸がありました。彼もよく知っている方だったので、精神状態が不安定になったNさんは、彼に相談に乗ってもらいました。彼は快くNさんの話を聞き、気持ちが落ち着くようにと気を使ってくれました。

Nさんの気持ちは一気に彼に傾き、「何となく復縁もいいかも」という思いから、「復縁したい！」に変わりました。

しかし、彼には新しい彼女もいて、Nさんには一歩踏み出す勇気がありませんでした。

＊

この状況でご相談を受けた私は、まずNさんの気持ちを落ち着かせることから始めました。

強く復縁を意識していなかったときには、気負うことなく彼とやり取りができていたNさんですが、復縁を意識したとたんギクシャクしてしまっていたからです。返信が3日来ないだけで、不安を感じて落ち着かなくなったり、彼にもっとこうしてほしいという欲求が強くなっていたのです。

せっかくこれまで築き上げた関係を、こうした不安から壊してほしくないと思いました。

そこで、変わったのはNさんの気持ちで彼は何も変わっていないこと、感情のままに一気に距離を縮めようとしないこと、これまでどおりのやり取りの中にもチャンスはたくさんあること、をお伝えしました。

そのうえで、もう一歩踏み込んで、彼女との状況や自分の状況を話していくことをアドバイスしました。Nさんには彼はいませんでしたが、付き合ってほしいと言う男性はいました。そんな話もしていくことで、彼も今の自分の状況をますますNさんに気軽に話してくれるようになりました。

ただ、彼の中ではどうしてもNさんのことは「終わったこと」で、恋愛に発展する様子はありませんでした。その原因は、Nさんが、何とか彼に付き合っていた頃のことを思い出してもらおうと躍起になっていたからです。

ここで注意していただきたいのは、別れて2年以上たっている場合、お付き合いしていたことは「過去」として認識されているケースが多いということ。それは決して悪いことではないのですが、お付き合いをしていた頃の話を持ち出しても、昔話に花が咲くだけで、なかなか恋愛に発展しないことも多いのです。

このようなケースでは、昔話に花を咲かせるよりも、「以前とは違うな」と彼に新たな発見をさせたほうがいいのです。

懐かしい知人・旧友という関係から一歩踏み込むには、彼の感情がグッと動く何かが必要です。その何かが「新たな発見」です。「魅力的になったな」と彼が感じてくれると、グググッと興味を持ってもらえるでしょう。

また、過去の話よりもこれからの話を多くし、将来的な部分で共通点を多く見つけていくことも大切です。

これらの点に気をつけて、Nさんは早速、昔に比べて今の自分はどう変わったのかを話題にするようにしました。将来的な話にも軽く触れるようにしていき、彼の意見に「そうそう！　よく分かる」と共感を示すようにしました。

こうして、少しずつ彼の興味を引いていきました。

半年ほど経過し、彼はNさんの誘いをついにOKしてくれました。そのときのNさんの盛り上がりようは大変なものでした。二転三転しつつも、ようやく彼と会うことができ、彼はNさんにますます興味を持ち始めました。

そして、徐々に今の彼女よりもNさんに気持ちが傾いていき、最終的には復縁をされたのです。別れてから3年近くたっていました。

＊

別れて時間がたっていると、「今さら……」と考えてしまうかもしれません。

しかし、Nさんのように時間が経過しているからこそ、彼も警戒せず、気楽に連絡を取り合える関係を築けることも多いのです。

どうぞ、勇気を出して一歩踏み出してみてくださいね。

顔も見たくないほど嫌われた彼とのケース

「大好きだった彼に嫌われて振られた……」と落ち込んでいる方、往々にして「嫌われた」は勘違いであることが多いものです。どんなにひどい別れ方をしたとしても、好きでお付き合いをした相手を大嫌いにはなれないと私は思います。

でも中には、本当に嫌われてしまうケースもあります。

それは、別れたあとに相当しつこくしてしまった場合です。別れを切り出したときは、彼にもまだ情があったけれど、その後しつこくされて、彼が「二度と顔も見たくない」と思ってしまった場合です。

そんな嫌悪感を彼に持たせてしまうと、なかなか拭えないものです。

では、こんな場合には復縁は不可能なのでしょうか？　答えはＮＯ。ここではそんなケースをご紹介したいと思います。

◆Kさん（27歳）のケース

Kさんは2年前、彼に別れを告げられました。

一度は了承したKさんでしたが、その後どうしても彼のことを諦められず、何度も復縁を申し出ました。彼も最初は「オレのせいでごめんな」と言っていたのですが、Kさんが「死にたい」などと言って彼を責めてしまったせいで、最後には「いい加減にしてくれ！　二度と連絡するな‼」と着信拒否をされてしまいました。

彼とKさんは同じ大学のサークル出身で、共通の知人がたくさんいましたが、皆、口をそろえて「そこまで嫌われたのなら諦めなよ」と言いました。Kさんは、それでも彼を諦め切れず、ほかの男性とも本気で付き合うことができませんでした。

そんな状態で1年が過ぎた頃、彼からひょっこり「連絡先が変わりました」というメールが届きました。どうやら一斉送信をしたため、Kさんの元へも間違えて送られてきたようです。

＊

ここで私は、Kさんからご相談を受けました。彼にメールをしてもいいでしょうか？という内容でした。

私は連絡しないようにお伝えしました。別れたあとにかなりしつこくしたようですから、そんなにすぐには彼の怒りは収まらないだろうと思ったのです。

そこで、まずは、共通の知人に彼の様子を聞いてもらうことにしました。皆の近況を聞くついでという名目で、彼のことをそれとなく聞いてもらったのです。

知人たちからは「まだ好きなのか⁉」というツッコミがあったようでしたが、そこは「まさか～」とかわしてもらいました。情報によると、どうやら彼にはお付き合いをしていた女性がいたようですが、半年ほどで別れており、現在はフリーということでした。

その後も、知人たちとは頻繁にコンタクトを取ってもらい、徐々に、Kさんの号令で集まってワイワイやるという形ができてきました。Kさんには、ほかの男性の話題なども出してもらい、彼のことは吹っ切れたようなそぶりを続けてもらいました。

知人の中には彼と今も連絡を取っている男性がいるので、それが彼に伝わればいいなと思っていました。

努力の甲斐があり、その男性が「今度Nさん（Kさんの彼）も呼ぼうよ！」と言いだしました。Kさんは「いや、それは彼が気分を害するよ」と言ったところ、その男性は「彼はもう怒っていないよ」と言いました。

男性の話によると、彼は、Kさんに携帯番号を間違えて送ってしまったことに気づき、しばらくは「また連絡が来たらどうしよう」とビクビクしていたそうです。

しかし、予想に反して連絡がなかったことで、彼も冷静さを取り戻し、Kさんのことをいい思い出にできるようになったと言っていたようでした。別れて1年10カ月が過ぎた頃でした。

＊

ついに、彼とKさんは会うことができました。

最初は二人ともギクシャクしていましたが、Kさんは「絶対にまだ好きなそぶりを見せない」ということを心がけていました。3回目に会う頃になって、彼はやっとKさんに笑顔を見せてくれました。

Kさんは思い切って、「もし嫌じゃなければ、また連絡してもいいかな」と聞きました。彼は一瞬困った顔をしましたが、「用事があれば」と言いました。

Kさんは彼が警戒しては困ると思い、ほかの男性の話題を出しながら連絡をしてみました。すると、彼も「今、好きな人がいる」ということでした。お互いに頑張ろうねというスタンスで、Kさんは彼の片思いの相談に乗ってあげるよう心がけました。

別れて2年が過ぎた頃、彼が夜更けに電話をしてきました。彼からの連絡は、別れて以来初めてでした。好きな女性に振られてしまったとのことでした。Kさんは「パーッと飲みに行こうよ！　二人じゃ気まずいだろうから○○さんも誘って」と言ってみました。彼は「ありがとう」と応じてくれました。

そこで慌てて友人を誘い、彼を慰めたそうです。彼を認めてほめ、あなたは全く悪くないよと一生懸命励ましました。

次の日、彼から「昨日はありがとう」というメールが届きました。そこから、二人の仲はグンと近づきました。何度もやり取りを重ね、Ｋさんは以前の非礼を詫び、変わったことを知ってもらうために前向きな様子を伝えました。

ついに、Ｋさんの復縁の申し入れに彼はＯＫをしました。別れて２年４カ月後のことでした。

彼はこんなふうに言っていたそうです。

「別れてしつこくされたときには、思い出しただけで吐き気がするくらい大嫌いだった。でも、２年たって会ったときに、もう全然オレには興味がなくて、あのときの嫌悪感は何だったんだろうと思った。そう考えていたら、二人の楽しかった思い出がいろいろ出てきて、最初から嫌いだったわけじゃないもんなと思った」

＊

Ｋさんの事例からも学べるように、やはりポイントは「もう気持ちはない」ということを分かってもらえるかどうかだと思います。あなたが彼のことを思い続け、それを態度に見せることが、一番遠回りだと思います。

思い続けるのは素敵なことですが、それを表面に出してはいけません。一度思いきりマイナスに向いてしまった気持ちは、押せば押すほどマイナス方向へ動いていきます。むしろ引くことで、プラス方向へ動くでしょう。そして、二人の関係をフラットな状態に戻します。そこからあなたのいい印象を与えていき、プラスに向けていけばいいのです。

徹底的に嫌われてしまったケースでは、このマイナス幅が大きく、フラットに戻るまでに時間がかかります。しかし、諦めないことで、プラスに転じる可能性は十分あると思います。

Kさんの事例を参考に、頑張りましょうね！

第7章

自分を変えることは怖くない

私は溜め込むタイプです

ここまでお読みになって、復縁するには、彼に気を使ったり印象をよくしようと努めたりと、努力や忍耐が必要になるんだなと感じている方もいらっしゃるのではないでしょうか。「こうしてはならない」「こう言ってはならない」など意識しなければならないことが多く、疲れてしまいそうと感じていませんか？

実際にそのような方もいらっしゃいました。言いたいことを言えない、思うように振る舞えないことでどんどんストレスが溜まり、それが一気に爆発して、彼に復縁の思いの丈をぶちまけてしまう。そして、彼にますます距離を置かれる……。

これでは何の進歩もないですね。

＊

世の中には、周りの人に常に優しく接し、いつも気遣いができるのに、それをストレスと感じない人もいます。

そんな人とあなたとでは一体何が違うのでしょうか？　キャパシティーでしょうか？

確かに「器が大きい、小さい」と言いますが、その器は天性のものでしょうか。それでは器が小さく生まれてしまった人は、諦めるしかないのでしょうか？

いいえ。それは単に、考え方の違いだと思うのです。それから、あなたの精神状態の違いだとも思うのです。

「私は溜め込むタイプです」とおっしゃる方も、心に余裕のあるときにはそんなことにはならないと思います。例えば、忙しいときに野良猫がまとわりついてきたら、「ああもう！」とイライラするかもしれませんが、何の予定もない休日だったら、「かわいそうに」と同情の気持ちが湧くでしょう。

そう考えると、溜め込んでいたものを一気に吐き出してしまったからといって、「だから私は溜め込むタイプ」と一概に判断するのは違うのではないかと思います。

それは、気持ちが一杯一杯になってしまい、言わずに済んでいたことまで思わず叫んでしまった、というのが正しい判断ではないかと思います。

＊

では、普段から言いたいことを言っていれば、溜め込まないですむのでしょうか？

実際に言いたいことを言ってみると分かるのですが、とても嫌な気持ちになります。それはそれで、今度は「私は言いたいことをズケズケと言ってしまい、相手の気持ちを考えられないダメなヤツだ」と落ち込んでしまうでしょう。

ストレスが溜まる、溜まらないは、考え方の差だけのような気がします。

例えば、彼に気を使って言いたいことを我慢したとき。「言いたいことも言えず、我慢しなくてはならなかった」と思ってしまうと、もうイライラは止まりません。

こうならないためには、少し高いところから、「私は頑張った」と自分を認めてあげること。そのほうがずっと気持ちがいいです。

「私は溜め込むタイプ」とおっしゃる方は、実は、自分を認めてあげられない方ではないかなと思います。ここを改善して、自分を認めてあげられるようになれば、あなたはもっともっと、魅力的な人になるのではないでしょうか。

ぜひ、今日から「我慢させられている」ではなく、「我慢できる私はすごい」に考え方を変えてください。たったそれだけで、とても気分よく過ごせます。彼からメールが来なくても「前より不安に感じない。私も成長したな」と思えます。そうすれば、次のメールは堂々とした明るいものになります。彼の印象もかなりアップするでしょう。

全てはあなたの考え方一つです。

外見を変えてみることの効果

ここまでいろいろと書いてきましたが、基本的には心の内面についての内容が多かったと思います。

では、性格や彼への対応を変えるだけで、復縁はどんどん前に進んでいくのでしょうか？　答えの半分はＹＥＳで、半分はＮＯです。

これまでに様々な復縁のご相談をお受けしました。復縁のご報告もいただきました。それらを拝見する中で、確かに内面の変化は大切だと感じました。

しかし、彼があなたに興味を持つ第一歩は、意外と外見の変化であることも多いのです。外見を磨くことによって、彼は「あれ、変わった？」と興味を持ちます。

例えば、髪の長い女性がショートカットにすると、急に活動的な人になったように思えたりしますよね。外見が変わることによって、内面も変わったような、違う人になったような印象を受けるのです。

それだけではなく、外見が変わることで、周囲の人からかけられる言葉も変わるでしょう。それが自信となり、ますます魅力的になるという好循環も生まれます。

例えば、ダイエットをしてキレイになった女性が、「やせたね！」「キレイになったね！」と言われることによって、自分に自信がつき、よりキラキラと輝くような表情をするようになる。やせたこと以上の魅力が、ここに生まれると思うのです。

＊

どんなに内面が変わったことを知らせたくても、彼が関わりを持ってくれなければ、変化をアピールすることはできません。

でも、外見の変化は、見てすぐ分かります。

普段あまりオシャレに気を使っていなかったのであれば、ちょっと頑張ってオシャレをしてみる。普段は着ない色の服にチャレンジしてみる。きちんとした格好の多かった方は、少し緩い感じのラフな格好にしてみるなど、いろいろ考えられますね。

ファッションだけではありません。外見の変化は、自信の有無や、それに伴う表情でがらっと変わることも多いのです。

表情豊かな女性は、親しみやすく魅力的です。嬉しいときに嬉しい表情をする、それだけでも違います。もしあなたが、「彼が楽しくなさそう」「彼が嫌な顔をする」などで悩んでいるなら、案外あなたの表情が硬いのが原因かもしれません。

雰囲気を変えるだけで、彼に興味を持ってもらえるのであれば、こんな手っ取り早い方法はないですね。

彼があなたに興味を持ち、少しやり取りができるようになる。ここからが本領発揮です。お付き合いのときの反省を踏まえ、彼に気遣いをする。そうすると、復縁の正のスパイラルが生まれてきます。

なかなか進展しないと落ち込んで暗い表情をしているよりも、外見を少し変えて、外へ出てみてください。あなたの素敵な変化を周囲の人は見逃さず、声をかけてくれるでしょう。

そして、その言葉があなたの自信になり、次へ進む原動力になっていくと思います。動き始めると、意外とトントンと前へ進むものですよ。

自分を変えてまで復縁すべきか？

復縁のためには自己改革が必要、と繰り返し申し上げてきました。

でも、それで復縁できたとしても、自分を変えてまで付き合うことは果たして正しいことなの？　と思う方もいらっしゃるでしょう。

そのお気持ちはよく分かります。なぜなら、私も以前、その道を通ったからです。お付き合いをする相手に合わせて、いろいろな自分を作っていたように思います。

その頃の私は、どの自分が本当の自分なのか？　無理をして付き合っても長続きしないのではないか？　本当の自分を受け入れてくれる人がいいのではないか？　と思い悩んでいました。

＊

しかし、性格は一面的ではありません。人間には多面性があります。そのときによって、攻撃的になったり、おおらかであったり、相手によって態度を変えたりすることもあると思います。それは、人と人が接する中で、円満に人間関係を構築するために必要な変化なのです。

「あなたは優しいですね」と言われたら、「確かに優しい部分もある」と思うでしょうし、「少し冷たいね」と言われれば、「確かに冷たいときもある」と思うでしょう。

「自分はこういう人間だ」と把握している人のほうが少ないのではないでしょうか。絶対に変わらない部分は少ないと思います。むしろ、性格は流動的でよいと思うのです。

ですから今、「自分を変えてまで復縁するのが正しいのだろうか？」と不安に思っているあなた。「変わる」と考えるのではなく、本来持っているあなたのよい部分を「伸ばす」と考えてみてください。

誰しも彼のことを考えて、彼のために頑張りたいという気持ちは持っています。心の奥にしまわれていたその大切な気持ちを、もう一度表舞台に持ってきてあげればいいだけなのです。難しく考える必要はありません。

＊

それからこれが一番大切なのですが、「こうありたい」と思う自分の理想像が描けたなら、実行することです。

しばらく使っていなかったあなたのいい面を引き出そうとしても、いきなり実行しようとすると違和感が生じます。当然ですね。久しぶりに自転車に乗ったら、乗れないことはないけれど、ちょっとヨタヨタしたり、違和感を持ったりするもの。それと同じです。

それは、あなたに合わないことをしようとして生じる違和感ではなく、慣れないことをしようとして生じる違和感です。ですから、繰り返すことで自然に自分のものになっていきます。

最初は演技でもいいのです。女優になった気分で、いい人の自分を演じてみてください。これを繰り返すことで、その性格があなたの一部になるはずです。

変われないことはありません。最初だけ、少しの時間と少しの演技をもって理想に向けて努力をすれば、きっと叶うと思います。

＊

抽象的な話ですが、もしあなたが今、自分に嫌気がさしていたり、自信を失っているのであれば、ぜひ覚えておいてくださいね。

自分のことを好きではない人を、他人は好きにならないと思いますよ。あなたは素敵な女性に成長しているのです。変わることは自分を失うことではありません。

復縁はあくまで選択肢の一つ

とても大切なことがあります。

それは、「復縁はあくまでも選択肢の一つ」ということ。

復縁しようと頑張っていると、あまりにも一生懸命になりすぎて、それが唯一の道のように感じてしまっている方もいらっしゃるでしょう。

＊

先日、こんなご相談をいただきました。

「ほかに好きな人ができてしまいました。ついこの間まで、あんなに復縁したいと頑張っていたのに。なんて自分はいい加減なんだとあきれます……」

ちょっと待って！　と思わず突っ込みたくなりました。

私は確かに復縁を応援する立場ではありますが、かといって、「あなたが幸せになる道は復縁しかない」と考えているわけではありません。ほかに好きな方ができてもいいのです。

あくまでも復縁したいという方を応援しているのです。「彼以外考えられない」「どうしても彼じゃなきゃイヤ」「幸せな日々を取り戻したい」――少しでもそういった方々のお力になれればと思っています。

*

ですから、あなたにも忘れてほしくないのです。

復縁は、あくまでも選択肢の一つです。あなたが楽しい日々を過ごすために復縁が必要なのであれば、ぜひ成就させてください。

でも、「復縁をしないと幸せになれない」という強迫観念から必死になることはやめてください。もっと視野を広げてみてください。

中には、復縁をすると決めたら、ほかの異性との接触を一切断つ、アピールしてくる男性を毛嫌いするという方もいらっしゃいます。新しい出会いが苦手だから、という方もいらっしゃいます。

私は、ぜひ大好きな彼は取り戻してほしいと思いますが、だからといって、自分の殻に閉じこもってほしくないと思うのです。復縁を考えているからこそ、積極的にほかの方とも接してほしいと思います。

「彼だけ！」という気合は、傍から見れば少し怖い状態ですよね。同性異性を問わず、たくさんの方と接してみましょう。

その中で、相手への気遣いや話し方、自分の対応で相手がどう変化するのか、などなど分かることがたくさんあります。

＊

「復縁をするんだ！」という意気込みはいいのですが、それで視野が狭くなることだけは避けてください。

自分を認めることが いい結果につながる

突然ですが、あなたは次のうちどのタイプでしょうか？

①自分にも他人にも甘い

②自分に甘く、他人に厳しい

③自分に厳しく、他人に甘い

④自分にも他人にも厳しい

＊

私は、自分が②でないことを祈っています。

さて、本書をご覧の方には④が多いような気がします。自分に厳しく、他人にも厳しい。ある意味、バランスは取れていますね（笑）。

笑っている場合ではありません。というのも、これがあなたの復縁をややこしくしている原因かもしれないからです。

＊

おそらく、お付き合いしていた頃、彼に対して厳しいあなたは、彼に要求することが多かったのではないでしょうか。そして、自分にも厳しいため、そんな自分に辟易《へきえき》してしまう。その繰り返しで、彼が疲れて別れを切り出した部分もあるのではないでしょうか。

そして、別れた今は、自分に対して猛烈に反省をしつつも、やはり自分に厳しいため、反省から前に進めなくなっているのではないでしょうか。

もっと自分にも他人にも寛容になりましょう。あなたが自分を認められる人間でなければ、彼のことも認められないと思います。

まずは誰よりもあなたが、自分を認めてあげること。今の自分ときちんと向き合い、自分のいいところ、悪いところを冷静に見ること。どちらもあなたの一部です。

そのうえで、悪いところを改善したいのであれば、そのために動くこと。そして動いたことに対して、自分を頑張ったとほめてあげること。

ほんの些細なことでもいいのです。それを積み重ねていくうちに、あなたは自分に対して正しい評価ができるようになるでしょうし、彼に対して厳しすぎる目を向けることもなくなるでしょう。

その心の余裕が、あなたを魅力的に見せると思います。

＊

あなたがあなたを認め、彼のことも認めることができれば、復縁はスムーズに進むでしょう。

悲しいから、つらいからと何もしなければ、前には進みません。今の自分を認めてあげて、余裕を持ってください。

そんな心の余裕を持って、復縁のための行動を取るなら、きっと叶うと思います。

復縁。さてそのあとは？

もし、今後、大好きな彼と復縁できたなら――。あなたの心は幸せで満たされていることでしょう。

では、そんな幸せな気持ちになるために、あなたはこれから何をすればよいのでしょうか？

・もう一度好きになってもらうために、自分を磨く
・メールを送ってみる
・変わった自分を見てもらうために誘ってみる

……どれも大切なことですね。

＊

ところで、あなたは、こうした想像や行動がパッと浮かびましたか？

なぜこんなお話をしているのかというと、あなたに、復縁までのビジョンが見えているのか、いま一度確認していただきたいと思ったからです。私の話をご自分に当てはめて、「自分ならこのヒントをもとにどうやって動くのか？」ということに考えを巡らせていただきたいと思ったからです。

大切なことは、本書でお伝えしているヒントをもとに、あなたが「具体的に、いつ、どのように、実行していくのか」です。これ以上でもこれ以下でもありません。

あなたが自分の行動を想像し、実際に動くこと。このことがなぜそんなに大切かというと、当然「復縁するため」ということもありますが、それ以上に、「復縁したあとのあなたのため」でもあるからです。

そうなのです。復縁がゴールではないのです。

あなたがもう一度大好きな彼と一緒に過ごすためには、今のあなたの努力はとても大切なのです。それが今後のお付き合いにつながっていくからです。

✻

先日、こんなメールをいただきました。

「浅海さんのおかげで復縁できました！　ありがとうございました。今度はお付き合いの仕方についてぜひ指南してください。今、彼と付き合っているものの、不満がいろいろあって困っているのです」

この方は、私のアドバイスを素直に聞いてくださいました。それで復縁ができ、付き合い始めたのはいいのですが、今度はマニュアルがないので困っているのです。

なぜ、そんな状態に陥ってしまうのかというと、それまでご自分で考えてこなかったからだと思います。

言われたとおりに何となく動いていたら復縁できてしまった。でも、あとが続かない――これでは意味がありません。せっかくつらい別れを経験したのですから、別れの反省を活かし、より楽しい幸せなお付き合いをしたいものです。

そのためには、何となく言われたとおりに動くのではなく、得た情報をヒントにして、あなたがどう動くのかということを考えつつ、復縁に向かっていくことが不可欠です。

そうすれば、復縁後も、その延長線上にお付き合いがあることになります。とても楽しいお付き合いができるでしょう。

＊

実際は、多くの方が、「復縁をして前よりも楽しい！」とおっしゃいます。それはきっと、私のアドバイスをきちんと理解して実行してくださったからでしょう。

ですから、あなたにぜひ伝えたいのです。

本書は復縁を実現された方々の声から成り立っています。これらを鵜呑《うの》みにするのではなく、そこから得たヒントを自分に置き換えて考え、動いていくことが本当に大切だと思います。

＊

もしあなたが本書を他人事として読んだり、「自分はこうじゃない」と否定的になっているなら要注意です。先ほどのメールの方のように、復縁までは何となくこぎ着けたけれど……、となりかねないでしょう。

復縁後のあなたが笑顔で楽しいお付き合いができるように、ぜひ今考えることを怠らないでくださいね。

それだけで、きっとあなたは復縁もできるでしょうし、復縁後のあなたと彼はとても満ち足りたお付き合いができることと思います。

終わりに

恋愛でも仕事でも、さらりとこなせる人がいます。私にはこんなに大変なことなのに、何でもないことのようにできてしまう。

その様を見せ付けられるたびに、「私の能力が低いのか……」「どうしてこんな難しいことが簡単にできるのだろう……」という気持ちになります。

本書は復縁の成功例をもとに書いています。

あなたはご覧になって、「この人がすごいからできたのよ」とか「たまたまよ」「私には無理だわ」などと思っていませんか？

＊

そんなことは全くないのです。

ここでご紹介をしている復縁成功者は、あなたと何も変わりません。

一つだけ違いがあるとすれば、実行しようとするかどうか、だけです。

例えば、仕事で何か任されたとします。そのときに「うわ、大変なことを任された！できるかなあ」と身構えてしまう方と、反対に「よし、頑張ろう。まずはこうしてこうして……」とすぐに実行に移す方策について考えられる方。どちらの成功率が高いでしょう？

言うまでもなく後者でしょう。個人的な能力にあまり差はないと思います。考え方の違いで、能力の発揮のされ方が違ってくるのです。

与えられた課題に対して「高い山」と認識してしまう方は、つい緊張したり萎縮したりして、本来の能力を発揮できないことが多いのです。反対に、「普通の山で自分にも登れる程度」と認識をする方は、伸び伸びと自分の力を発揮できるでしょう。この差が結果に大きな開きを生むと思います。

復縁に関しても、「彼は頑固だし、一度決めたことは曲げないし……」「周りは皆諦めろって言うし、もう無理だと思う……」と難しいこととととらえるか、「復縁した人もたくさんいるし、案外できるのかも」「どうやったら復縁できるかな」と前向きに考えるか、取り組む姿勢によって結果は変わると思います。

＊

取り組む姿勢の差は、メールの出し方、返信の仕方、彼への接し方、些細な言葉の端々に出ています。ほんのちょっとの差です。

どうせなら、あなたも大好きな彼を取り戻したいと思いませんか？

であれば、次の3つが大切です。
・復縁を難しいと思わないこと
・悪いほうへ考えず、前向きに考えること
・実行すること
復縁は難しくありません。私の元へは「復縁しました！」というご報告がたくさん届きます。それだけ、復縁を可能にしている方がいる、というのも事実なのです。

「できるかどうか……」「難しいし……」と考えている方は、「案外そうでもない」という事実にも目を向けてくださいね。

あなたの復縁報告を楽しみにお待ちしております。

＊

新しい恋だけが前向きだとは思いません。

望む方とお付き合いをすることが、一番の幸せだと思います。

＊

最後まで読んでくださり、ありがとうございました。

あなたの復縁を心から応援しています。

復縁・復活愛の成功法則

彼ともう一度、恋人になる方法

著者　浅海

発行　株式会社 二見書房
東京都千代田区三崎町2-18-11
電話 03(3515)2311［営業］
03(3515)2314［編集］
振替 00170-4-2639

印刷　株式会社 堀内印刷所

製本　合資会社 村上製本所

ブックデザイン　ヤマシタツトム+ヤマシタデザインルーム

DTP　リリーフ・システムズ

書籍コーディネート　インプルーブ 小山睦男

落丁・乱丁がありました場合は、おとりかえします。定価・発行日はカバーに表示してあります。

ISBN 978-4-576-09145-7
Printed in Japan